Heinrich Pleticha

WANDERER, KOMMST DU NACH ROM

Heinrich Pleticha

WANDERER, KOMMST DU NACH ROM

ANEKDOTEN UND BILDER AUS DER EWIGEN STADT

Mit 32 Farbtafeln von E. Rößler-Franz und 6 Stichen von G. B. Piranesi

HERDER FREIBURG · BASEL · WIEN

Farbreproduktionen: H. und H. Schaufler, Freiburg
Gesamtherstellung: Freiburger Graphische Betriebe 1986
ISBN 3-451-20615-3

INHALT

Castel Sant Angelo (Ausschnitt). Blick vom linken Tiberufer über den Fluß nach Norden, rechts der Ponte S. Angelo (Engelsbrücke).

Tiberufer am Castel S. Angelo (Prati di Castello).

VORWORT

Der gute Ton würde es eigentlich erfordern, an den Anfang dieses Vorwortes die übliche bescheidene Frage zu stellen, ob es denn unbedingt nötig war, den vielen Büchern über Rom noch ein neues hinzuzufügen. So jedenfalls wird bei vielen Rom-Büchern gefragt, und obgleich sich wahrscheinlich der Autor im stillen selbst geantwortet hat, daß es nicht notwendig war, hat er sein Buch dennoch geschrieben. Aus dieser Erkenntnis heraus soll die entscheidende Frage daher gar nicht erst gestellt werden. Dafür will dieses Bändchen auch keinen Eigenwert haben, will nicht als etwas Selbständiges oder Besonderes anerkannt werden, sondern es möchte lediglich eine Ergänzung sein.

Die zahlreichen schönen Reiseführer durch Rom bieten neben dem gewichtigen Sachwissen gelegentlich auch eine Anekdote oder Legende zu diesem oder jenem Bauwerk, zu einer Plastik, zu einem bestimmten Bild. Sozusagen zur Würze – mehr darf es gar nicht sein, denn sonst würden sie ihrer Aufgabe nicht gerecht. In Rom gibt es nun aber so viel zu sehen und zu führen, daß man wegen des ungeheuren Stoffes eben nur gelegentlich ein wenig Würze verwenden kann.

Für Leute, die etwas nachwürzen möchten, sind die folgenden Seiten gedacht: Niemand wird von Salz und Pfeffer – oder meinetwegen von Zucker und Zimt – allein leben können. Deshalb kann das Wesen Roms auch nicht einmal annähernd aus diesem Bändchen erfaßt werden. Es bietet keinen Reiseführer und keine Geschichte, es bietet nur mit 160 kleinen Geschichten ebensoviele Blicke hinter die Kulissen des großen römischen Welttheaters auf achtzig Straßen und Plätze, Kirchen, Paläste und Brunnen.

Sicher lassen sich von noch weit mehr Bau- und Kunstwerken Anekdoten, Sagen, Legenden erzählen. Eckart Peterich hat in seinem einfühlenden Italienführer darauf hingewiesen, daß man kein anderes Buch in Rom mit so viel Freude lesen wird wie die große Legendensammlung der „Legenda Aurea“. Aber das ist natürlich nur ein Wegweiser.

Einen anderen würden die Sammlungen von Sagen aus dem antiken Rom bieten. Die Römer selbst erfinden ja seit mehr als zweitausend Jahren gute Geschichtchen, aber im Aufzeichnen waren sie recht nachlässig. Die letzte größere Sammlung – und so ziemlich auch die einzige – brachte kurz nach der Jahrhundertwende Gigi Zanazzo unter dem Titel „Novelle, Favole e Leggende Romanesche“ heraus. Sie irgendwo aufzutreiben erweist sich heute als besonders schwierig.

Das Büchlein erhielte einen ungeziemend gewichtigen Anstrich, wollte die ganze Literatur genannt werden, die ihm als Grundlage dient. Natürlich mußte alles nacherzählt werden, und der Bogen reicht von Vergil bis zur Legenda Aurea, von Gregorovius bis Pastor, von Sammlungen des anekdotenfreudigen 18. Jahrhunderts über den erwähnten Zanazzo bis zu den modernen Büchern etwa von Daria Borghese oder Reinhard Raffalt, um nur die wesentlichen zu nennen. Bekanntlich führen ja viele Wege nach Rom und noch mehr durch die Stadt, und deshalb werden wir uns bei unseren unsystematischen Spaziergängen auch nach vielen Wegweisern richten.

Ob alles „stimmt", ist eine ganz andere Frage. Nur prosaische Gemüter werden sich danach erkundigen. Es kommt nicht darauf an, ob eine Sage, eine Legende, eine Anekdote „wahr" ist, sie muß es nicht im strengen historischen Sinn sein, aber sie birgt jenen Kern der inneren Wahrhaftigkeit in sich, der für einen kurzen Augenblick die wesensgemäße Erhellung einer Situation bietet. Der Römer kennt ein schönes Sprichwort: „Si non è vero, è ben trovato" – Wenn es nicht wahr ist, so ist es doch gut erfunden.

Auf dieses *gut* erfunden kommt es an. Man ist manchmal enttäuscht, wenn beim genaueren Quellenstudium eine altbewährte Anekdote zerplatzt wie eine Seifenblase. Deshalb sollen manche solcher Seifenblasen in ihrer schillernden Form hier erhalten bleiben. Ja, manchmal wurde ausdrücklich unter mehreren die schönste ausgewählt. Kritischen Gemütern sei beruhigend gesagt, daß trotzdem mehr historisch einwandfrei belegte Tatsachen hier angeführt werden, als man zuerst einmal vermutet.

Wer den Geschichtchen nicht ganz traut oder wem sie nicht gefallen sollten, dem bleiben noch die Bilder, die ebenfalls zu Spaziergängen durch zwei Epochen einladen möchten. Da ist einmal das barocke Rom, wie es der fleißige Kupferstecher und Archäologe Giovanni Battista Piranesi um die Mitte des 18. Jahrhunderts gesehen und so eigenwillig in seinen zahlreichen Stichen festgehalten hat. Und da ist, eineinhalb Jahrhunderte später das Rom, das bald danach den Planern der modernen Großstadt weichen mußte und das der Maler Rößler-Franz kurz vor seiner Vernichtung noch in zahlreichen reizvollen Aquarellen festhielt.

Vielleicht stimmen die Geschichten und die Bilder gleichermaßen ein wenig traurig; denn Rom ist anders geworden: laut, geschäftig, grau und oft unfreundlich. Aber es bleibt eine Stadt, in der sich an manchen Stellen noch träumen läßt und von der man immer noch träumen kann. Vielleicht auch ein wenig beim Lesen und beim Betrachten der Bilder ...

Um dem Neuling in Rom das Aufsuchen der verschiedenen Sehenswürdigkeiten zu erleichtern, wurde in groben Zügen ein Rundweg – natürlich mit einigen Abstechern – gewählt, der von der Peterskirche und dem Vatikan zuerst an die Engelsburg, dann über den Gianicolo nach Trastevere führt, von da im großen Bogen über St. Paul zum Aventin und den Caracalla-Thermen, weiter über den Palatin zum Forum und zum Kolosseum, dann in den Bereich des Esquilin und des Viminal, weiter über die Stazione Termini und die Via XX Settembre zur Villa Borghese und dem Pincio. Dann geht es hinunter zur Piazza del Popolo, den Corso entlang und von da über das Pantheon zur Piazza Navona. Schließlich über die Piazza Argentina und den Corso Vittorio Emanuele am linken Tiberufer entlang bis zum Capitol und seiner Umgebung. Der letzte Abstecher führt über die Via di Porta S. Sebastiano noch hinaus zu den Katakomben.

PASQUINO

Gestatten Sie mir, daß ich Sie vor unserem Rundgang durch die Jahrtausende der römischen Geschichte, bei dem wir vielen bedeutenden, unbedeutenden und merkwürdigen Leuten begegnen werden, mit einer recht wichtigen Persönlichkeit bekannt mache, sozusagen dem ehrenwerten Protektor dieses Bändchens. Er ist schon über zweitausend Jahre alt. In den ersten mehr als eineinhalb Jahrtausenden seines Lebens hat er gar keine bedeutende Rolle gespielt. In den folgenden drei-, vierhundert Jahren erlangte er dagegen eine ausgesprochene Berühmtheit. Heute lebt er eigentlich nur noch von seinem Ruhm und wird gar nicht mehr so richtig beachtet.

Gewiß, die Stadt hat sogar einen Platz nach ihm benannt. Die Römer schätzen ihn auch heute noch als einen guten alten Bekannten, der ihren Vätern manches Vergnügen bereitet hat, aber die zahllosen Fremden gehen zumeist achtlos an ihm vorüber. Dabei hat er das gar nicht verdient, im Gegenteil, er ist – oder besser gesagt: er war – der Mann mit der spitzesten Zunge Roms. Und das will bei den vielen spitzen Zungen, die Rom im Laufe der Zeit hervorbrachte, wohl etwas heißen.

Sie kennen ihn nicht? Sie sind auch schon achtlos an ihm vorübergegangen? Nun ja, man kann es verstehen, denn der Gute macht heute einen ziemlich heruntergekommenen Eindruck. Bitte überzeugen Sie sich doch selbst: Es ist – Pasquino!

Prosaische Leute behaupten, es handle sich bei Pasquino einfach um die Überreste einer hellenistischen Plastik, den Torso einer Menelaosfigur. Die Fama aber weiß zu berichten, daß einst in der Nähe der Piazza Navona ein Schneider namens Pasquino lebte. Er war gut bekannt in Rom wegen seiner ausnehmend losen Zunge. Seine Bosheiten aber pflegte er in bissige Epigramme zu kleiden und so unter die Leute zu bringen. Kaum hatte er das Zeitliche gesegnet, ließen die Behörden sein Haus zerstören. Dabei aber fand man unter der Türschwelle eben jene Figur, die man erst einmal provisorisch an die nächste Hauswand lehnte.

Und siehe da, am nächsten Morgen trug der Torso ein Zettelchen umgehängt mit einem so schön bissigen Epigramm, wie es Pasquino selbst hätte verfaßt haben können, das die Maßnahmen der Behörde verspottete.

Von Stund an hießen die kläglichen Überreste dieser Figur selbst Pasquino und begleiteten die verschiedenen Ereignisse in Rom mit zustimmenden oder kritischen Epigrammen. Wir werden manchen davon noch begegnen. Niemand kennt ihre Verfasser. Das ist auch gar nicht notwendig; denn hier spricht nicht dieser berühmte Dichter oder jener arme Bettelpoet, hier spricht Pasquino selbst, hier spricht Rom. Es soll Zeiten gegeben haben, da an Pasquino selbst und rund um ihn herum bis zu dreitausend Gedichte klebten. Die literarische Jeunesse dorée Roms versuchte sich an ihm und durch ihn ihre Sporen zu verdienen. Und da man seine Gedichtchen anonym anbringen durfte, kam es oft gar nicht auf die Qualität an. Aber ich glaube, so etwas hat Pasquino nur mit lächelnder Nachsicht geduldet. In Wirklichkeit sprach er selbst nur in jenen geschliffenen Verschen, durch die er seine Unsterblichkeit erlangt hat.

Pasquino fand Freunde. Michelangelo schätzte sogar seinen Wert als Kunstwerk, Bernini verglich ihn mit dem berühmten Torso im Vatikan, und auch Winckelmann lobte ihn. Kardinäle wurden seine Beschützer, und am 25. April eines jeden Jahres beliebte man, ein Fest für ihn zu feiern. Eigentlich war es ja eine Prozession zu Ehren des heiligen Markus, aber weil die Prozession bei Pasquino vorbeiführte, kleideten ihn die Künstler in prächtige Gewänder, und an diesem Tage wurden besonders zahlreiche „Pasquille" angesetzt. Die Studenten Roms schrieben sie meist sogleich ab, um ja keinen Geistesblitz verlorengehen zu lassen.

Bis in die Zeit Papst Hadrians VI. sprach Pasquino zumeist nur Latein. Erst später wandte er sich auch dem Volk zu und redete italienisch. Manchmal war er ausgesprochen regierungstreu, manchmal ein bissiger Kritiker und in der Opposition. Pasquino bekam bald einige Kollegen in Rom, die allerdings nie seine Berühmtheit erlangten. Da ist Marforio, jener große, liegende, bärtige Mann im Hof des kapitolinischen Museums. Mit ihm führte Pasquino häufig respektlose Zwiesprache. Da ist auch die „Madama Lucrezia" – weiß der Himmel, wo sie ihren Namen her hat –, eine kolossale Marmorbüste beim Palazzo Venezia, die in ihren besseren Tagen eine Priesterin im Isistempel auf dem Marsfeld war. Sie unterhielt sich allerdings lieber mit einem geistlichen Herrn, und ihr Partner wurde Abbate Luigi neben der Kirche Sant'Andrea della Valle. Und schließlich gibt es noch einen rechten Einzelgänger, sozusagen von der ärmeren Verwandtschaft, den „Facchino" in der Via Lata beim Corso, eine Brunnenfigur.

Weil wir Freund Pasquino und seiner Sippschaft auf den folgenden Seiten noch recht oft begegnen werden, gebührt ihm und seinem Schicksal auch der Ehrenplatz am Beginn dieses Bändchens.

PETERSKIRCHE

Zweiundsiebzig Jahre war Michelangelo (1475–1564) alt, als er, der kurz zuvor in der Sixtinischen Kapelle das Jüngste Gericht vollendet hatte, wider seinen Willen durch Papst Paul III. zum Bauführer von Sankt Peter berufen wurde. Er nahm für seine schwere Aufgabe keine Zechine Bezahlung an, sondern arbeitete „aus Liebe zu Gott und aus Ehrfurcht vor dem Apostelfürsten". Zugleich änderte er aber auch die nacheinander von Bramante, von Raffael, von San Gallo und Peruzzi entworfenen Pläne und entwickelte einen neuen, so genial einfachen, daß ein Zeitgenosse einmal davon sprach, Michelangelo habe die Kuppel des Pantheons auf den großen Bau der Maxentiusbasilika gesetzt.

Sechzehn Jahre leitete Michelangelo den Bau, sah aber nur die Rundmauer der Kuppel wachsen. Erst unter Papst Sixtus V. (gest. 1590) vollendete sie der Architekt Giacomo della Porta, der mehr als ein Jahr lang ununterbrochen, selbst nachts, achthundert Arbeiter daran beschäftigte.

Unter den um 1770 in Rom lebenden Ausländern glänzte besonders eine junge Engländerin, Miß Taylor, durch ihre Schönheit, aber es fehlte ihr sowohl an Geistesgaben wie an Vermögen. Ihr Glück

Porto di Ripetta (Ausschnitt). Der 1703/04 erbaute Tiberhafen lag an der Stelle, an der heute der Ponte Cavour auf die Piazza Porta Ripetta mündet. Die architektonisch sehr reizvoll gestaltete Anlage wurde 1877 abgebrochen. Der Blick geht am linken Tiberufer entlang nach Norden. Das große Gebäude am rechten Bildrand war das Päpstliche Zollamt.

Ein Bogen des „Corridoio di Borgo". Dieser „Corridoio" (Korridor) ist der heute noch erhaltene Gang, den Papst Alexander VI. als Flucht- und Verbindungsweg zwischen dem Vatikan und der Engelsburg (Castel S. Angelo) quer durch den Borgo, den alten Bezirk zwischen Kastell und Vatikan, anlegen ließ.

schien gemacht, als sich der junge, sehr reiche Wilbraham Bootle mit ihr verlobte.

Bei einem großen Fest kam das Gespräch auf die Ausbesserungsarbeiten an der Peterskuppel, und die Gäste lobten Mut und Kaltblütigkeit der Arbeiter, die außen an der Kuppel hinaufklettern mußten. Bootle erklärte, daß er aus Furcht vor Schwindel einen solchen Aufstieg niemals wagen würde.

„Um nichts in der Welt?" erkundigte sich schmachtend Miß Taylor. Und als Bootle nochmals ganz energisch verneinte, fragte sie weiter: „Auch dann nicht, wenn ich Sie darum bäte?" Bootle wollte über das merkwürdige Ansinnen mit einem Scherz hinweggehen, aber die hübsche Dame ließ sich trotz ernster Vorhaltungen der Anwesenden nicht von ihrem merkwürdigen Wunsch abbringen.

So verabredete man sich schließlich für den kommenden Tag. Die ganze englische Kolonie erschien vor Sankt Peter, um das Schauspiel mit anzusehen. Tatsächlich kletterte Bootle mit erstaunlicher Geschicklichkeit bis zur Spitze der Kuppel.

Nach vollbrachtem Wagnis begrüßte ihn die Gesellschaft mit lauter Freude. Miß Taylor reichte ihm stolz ihre Hand, aber Bootle verneigte sich nur kurz und sagte: „Die Laune einer schönen Frau habe ich erfüllt. Gestatten Sie mir aber, Ihnen einen Rat zu geben: Seine Macht muß man sorgsam hüten und darf sie nicht mißbrauchen. Ich wünsche Ihnen weiterhin viel Glück und sage Ihnen zugleich Lebewohl!"

Dann verbeugte er sich noch kurz vor den verdutzten Zuschauern, bestieg seinen schon bereitstehenden Reisewagen und verließ Rom für immer.

Miß Taylor aber blieb unverheiratet.

Papst Julius II. berief so viele bedeutende Künstler an seinen Hof, daß es bald zu Spannungen zwischen den einzelnen Persönlichkeiten kommen mußte. Eine besondere Kluft bestand zwischen San Gallo und dem von ihm protegierten Michelangelo auf der einen und Bramante auf der anderen Seite.

Besonderes Aufsehen erregten Bramantes Pläne zum Neubau der Peterskirche. Um diese aber verwirklichen zu können, mußte er alles vernichten, was bisher bestand, mußte namentlich die alte Petersbasilika abreißen, deren Umbau sich nach seiner Auffassung nicht lohnte. Als Michelangelo von diesen Plänen erfuhr, erklärte er: „Es ist keine Kunst, Millionen Ziegeln aufeinanderzuhäufen, aber Bramante soll erst einmal eine jener Säulen schaffen, die er so rücksichtslos zerstören will."

Seine berühmte Pietà, die heute in einer Seitenkapelle der Peterskirche steht, schuf Michelangelo im Alter von 24 Jahren für den Altar der jetzt abgerissenen Kirche Santa Petronilla. Damals kannte noch niemand den jungen Künstler, und als dieser eines Tages in der Kirche stand, hörte er zwei Männer sagen, daß die Pietà der lombardische Bildhauer Cristofero Solari geschaffen hätte. Das ärgerte Michelangelo so sehr, daß er sich nachts in die Kirche einschließen ließ und mit deutlichen Buchstaben seinen Namen auf das Band einmeißelte, das der Madonna quer über der Brust liegt.

Es war das einzige Mal, daß Michelangelo eines seiner Werke mit seinem Namen zeichnete.

Die prächtige lateinische Inschrift, die Maderna auf dem Fries über dem Eingang der Peterskirche anbringen ließ und die Papst Paul V. (Borghese, gest. 1621) als ihren Erbauer preist, forderte wie so vieles die Spottlust der oft allzu kritischen Römer heraus. So ist es nicht zu verwundern, daß eines Tages Pasquino mit einem Seitenblick auf die Bronzestatue des Apostels Petrus in der Kirche selbst feststellte, dem Apostel sei in seiner Kirche nur ein Eckplatz eingeräumt worden, Papst Paul V. dagegen der ganze Fries der Fassade. Daraus müsse man schließen, daß die Kirche nicht für Petrus, sondern für Paul erbaut wurde.

In einer zeitgenössischen Biografie des Lorenzo Bernini (1598 – 1680) erzählt der Autor, der elfjährige Bernini habe im Belvedere nach den dort aufgestellten Antiken Zeichenstudien betrieben. Auf dem Heimweg sei er nach Sankt Peter gegangen und habe dort ein paar Künstler getroffen. Einer von ihnen, der Maler Annibale Carracci, den wir im Palazzo Farnese noch näher kennenlernen werden, habe zu den anderen gesagt: „Glaubt mir, eines Tages wird ein großes Genie hier in der Mitte unter der Kuppel und im Hintergrund Werke schaffen, die der Größe dieses Tempels angemessen sein werden." Seit diesem Tag habe sich der Knabe nichts sehnlicher gewünscht, als diese Voraussage einmal erfüllen zu können.

Und das Schicksal gab ihm die Gelegenheit dazu, als im Jahre 1626 sein Gönner, der Kardinal Barberini, als Urban VIII. den Stuhl Petri bestieg. Gleich nach seiner Krönung ließ dieser nämlich den Künstler rufen und sagte: „Für Euch, Bernini, ist es ein großes

Glück, Maffeo Barberini als Papst vor Euch zu sehen. Aber Unser Glück ist noch viel größer, weil ein Bernini zur Zeit Unseres Pontifikats lebt.“

Über dem Papstaltar in der Peterskirche schuf Bernini im Auftrag von Urban VIII. das Ziborium, den prächtigen baldachinartigen Überbau mit den vier Bronzesäulen. Schon die Beschaffung der Bronze, die teilweise vom Pantheon stammte, hatte heftige Proteste und das Wort von den Barbaren und den Barberini ausgelöst, von dem bei der Geschichte um das Pantheon noch die Rede sein wird.

Die Gußarbeiten dauerten neun Jahre, die ganze Konstruktion wiegt fast hunderttausend Kilogramm und hat zweihunderttausend Skudi, das sind rund eine Million Goldmark, gekostet. Die Errichtung des Altars geht, so wird erzählt, auf ein Gelübde Urbans zurück. Er soll ihn versprochen haben, wenn die Entbindung seiner während der Schwangerschaft schwer leidenden Nichte gut ausgehe. Entgegen allen Befürchtungen schenkte die junge Frau einem gesunden Knaben das Leben. Bernini spielte in seinem Werk auf dieses Gelübde an. Er schmückte die vier Sockel der gewundenen Säulen an den zwei Außenseiten mit dem Wappenschild der Barberini, drei Bienen im Feld, und brachte über dem Wappen einen Frauenkopf an, erst blühend, dann immer mehr schmerzgequält, der die verschiedenen Phasen der Schwangerschaft zeigen soll. Über dem achten Wappen lacht an Stelle des gequälten Frauenantlitzes ein Kinderköpfchen. Auch die Wölbungen der Wappen selbst weisen in diskreter Form auf die verschiedenen Phasen der Schwangerschaft hin, ein geniales und zugleich äußerst rührendes Zeugnis für den Familiensinn des Papstes.

Vier Monate vor seinem Tod gab Urban VIII. (gest. 1644) Bernini den Auftrag, sein Grabmal zu schaffen. Drei Jahre arbeitete der Künstler an dem prächtigen Monument. Inzwischen aber hatten die Kardinäle einen der schärfsten Gegner des Verstorbenen, den Kardinal Pamphili, als Innozenz X. zum Papst gewählt. Die Angehörigen und engsten Freunde der Familie Barberini, aus der Urban stammte, verließen größtenteils den Kirchenstaat.

Als nun im Petersdom rechts von der Cathedra das Grabmal Urbans enthüllt wurde, sahen die Besucher, daß Bernini dort nicht nur den großen Papst in ungemein lebendiger Form dargestellt, sondern auch einige Bienen, die Wappentiere des Verstorbenen, angebracht hatte. Ein Günstling des neuen Papstes erkundigte sich daraufhin hämisch bei Bernini, ob er mit den Bienen die verstreuten Verwandten und Anhänger Urbans symbolisieren wollte. Schlagfertig antwortete ihm Bernini: „Euer Gnaden wissen doch, daß sich die versprengten Bienen auf ein bestimmtes Glokkenzeichen hin wieder versammeln." Der Kavalier merkte nur zu gut, daß Bernini die große Glocke des Kapitols meinte, die beim Tod der Päpste läutet. Er meldete die Antwort sogleich Innozenz X., der, verärgert darüber, dem Künstler jahrelang keinen Auftrag mehr erteilte.

Pasquino aber vergaß dem verstorbenen Urban nicht, daß er seine Verwandtschaft zu Lebzeiten mit Gunstbeweisen überschüttet hatte; deshalb erklärte er bei Aufstellung des Grabmals:

„Questo d'Urbano si scriva al Monumento:
Ingrosso l'Api, e scorticò l'armento.
Man schreibe auf das Monument von Urban,
daß er die Bienen mästete und die Herde häutete."

Als Gegenstück zu dem Grab Urbans steht auf der linken Seite der Cathedra Petri das wohl schönste Grabmal der Peterskirche. Nach dem Tod Pauls III. (Farnese, gest. 1549) beauftragte das Kardinalskollegium den Mailänder Bildhauer Guglielmo della Porta mit der Ausführung von dessen Grab und versprach dem Künstler dafür den Posten eines Bleisieglers der päpstlichen Urkunden. Nicht umsonst galt della Porta als ein Freund des verstorbenen Michelangelo. Durch ihn ließ er sich auch bei der Ausführung des Grabmals beeinflussen und schuf das maßvoll ausgeglichene Werk. Zu Füßen der würdevollen Greisengestalt Pauls III. liegen zwei weibliche Figuren aus weißem Marmor, Klugheit und Gerechtigkeit symbolisierend. Die alte Frau soll ein Abbild der Mutter des Papstes sein, die junge seine Schwester Julia. Sie war ursprünglich nackt, doch ihre üppigen Formen paßten nicht in das Gotteshaus und erregten mehrfach Anstoß. Als einmal sogar ein Ausländer sich nachts in die Kirche einschließen ließ, um die Figur ungestört bewundern zu können, erhielt sie auf Wunsch des Kardinals Eduardo Farnese das weißangestrichene Metallhemd, das sie auch heute noch trägt.

Es liegt eine seltsame Tragik über der letzten Ruhestätte des Papstes Julius II. (gest. 1513). Nicht nur, daß Michelangelo die großartigen Pläne niemals verwirklichen konnte, nach denen der Papst sein Grabmal errichtet sehen wollte – es wird im Zusammenhang mit der Gestalt des Moses in San Pietro in Vincoli noch die Rede davon sein –, der Papst, von dem manche böswillig behaupteten, er habe die enormen Ausmaße der Peterskirche nur geplant, um dort sein gewaltiges Grabmal unterbringen zu können, sollte nie eine würdige letzte Ruhestätte finden.

Nach seinem Tod wurde er, seinen testamentarischen Bestimmungen gemäß, in kostbare Gewänder aus Goldbrokat gehüllt und provisorisch hinter der Altarwand der Chorkapelle in der alten Peterskirche bestattet, wo er bis zur Vollendung des geplanten Grabdenkmals ruhen sollte. Goldgierige Söldner störten 1527 während der großen Plünderung Roms zum ersten Male diese Ruhe und raubten die beiden kostbaren Ringe, die er an seinen Händen trug. Als dann im Jahre 1601 die Chorkapelle der alte Basilika niedergerissen wurde, um dem neuen Bau Platz zu machen, mußten auch die Gebeine Papst Sixtus' IV. und der Kardinäle della Rovere und Santorio neu beigesetzt werden. Man legte sie zusammen mit dem immer noch auf sein richtiges Grab wartenden Julius in den Sarkophag Sixtus' IV. und bestattete die vier Kirchenfürsten unter der Sakramentskapelle von Sankt Peter.

An dem Bronzedenkmal Pollaiuolos, das dieser für Sixtus IV. geschaffen hatte und das nun über dem neuen Grab aufgestellt wurde, ließ ein pietätvoller Sakristan eine kleine Inschrift mit einem Hinweis auf die vier Toten anbringen. Aber selbst dieses beschei-

Der Petersplatz und die Peterskirche um die Mitte des 18. Jh. Sie zeigen schon weitgehend ihr heutiges Gesicht, abgerissen wurden nur das Dach der dem Damasushof vorgelagerten Gebäude (unmittelbar hinter den Kolon-

naden rechts) sowie Uhr und Glockentürmchen an der Loggia. Der Platz war bereits gepflastert, nicht jedoch, wie man deutlich erkennt, die alte Zufahrt von der Spina (heute Via della Conciliazione).

dene Erinnerungszeichen war Julius II. nicht allzu lange vergönnt, denn bei Umbauarbeiten entfernte man das Denkmal und brachte es in das Petersmuseum. Und heute weiß niemand mehr genau, wo jener Papst ruht, der einst das größte Grabmal der Peterskirche plante.

Zu den wenigen Frauen, die ihre letzte Ruhestätte in Sankt Peter fanden, gehört neben Königin Christine von Schweden die Markgräfin Mathilde von Tuscien (1046–1115). Sie verdankt diese Ehre ihrer Vermittlertätigkeit im sogenannten Investiturstreit zwischen Kaiser Heinrich IV. und Papst Gregor VII. Vor ihrem Schloß Canossa mußte der siebenundzwanzigjährige Kaiser im härenen Kittel und barfuß drei Stunden im Schnee ausharren, bis ihn der Papst vom Bannfluch löste und damit aber auch ungewollt die Rückendeckung für die Auseinandersetzung Heinrichs mit den deutschen Herzögen gab.

Mathilde vererbte die Markgrafschaft Tuscien an die Päpste und trug damit nicht wenig zur Stärkung der weltlichen Macht des Papsttums bei. Sie hätte es also von vornherein verdient gehabt, in Sankt Peter zu ruhen. Aber ihre Beisetzung dort erfolgte erst ein halbes Jahrtausend nach ihrem Tod und wurde zu einer politischen Demonstration.

Als es nämlich zwischen Papst Urban VIII. und dem kaiserlichen Hof in Wien um 1630 zu Spannungen gekommen war, suchte der Papst nach einem sichtbaren Beweis des moralischen Übergewichts des Papsttums über den Kaiser und beschloß, die Asche der Markgräfin nach Rom schaffen und ihr hier ein stolzes Denkmal setzen zu lassen. Nun war aber Mathilde im Benediktinerkloster in Mantua beigesetzt worden, und die Stadt und die Dynastie Gonzaga hüteten die Reliquie mit großem Stolz. Da Papst Urban VIII. mit dem Widerstand der Gonzaga und der Bevölkerung von Mantua rechnete, wandte er sich heimlich an den Abt des Klosters und ließ die Überreste ebenso heimlich nach Rom bringen. Als die empörte Bevölkerung von dem Raub erfuhr, war Mathildes Asche bereits in Sankt Peter beigesetzt, wo man ihr das nach einem Entwurf Berninis ausgeführte prächtige Grabmal errichtete.

Zwischen der Cappella Gregoriana und der Sakramentskapelle in Sankt Peter steht das Marmorgrabmal für Papst Gregor XIII. (gest. 1585). Das Relief auf dem Sarkophag erinnert daran, daß dieser Papst die große Kalenderreform durchführen ließ, die noch heute für uns bestimmend ist.

Die Chronisten rühmen die tiefe Frömmigkeit und Sittenstrenge des Papstes. In seiner Jugend allerdings war er leichtlebiger gewesen. Ein Kardinal, der ihm seine Stimme bei der Wahl gegeben hatte, erfuhr erst nachträglich von diesen Jugendsünden und sagte erschrocken, daß er ihm seine Stimme nicht gegeben hätte, wenn ihm das bekannt gewesen wäre. Aber Gregor erwiderte nur, er sollte sich deswegen nicht beunruhigen, denn wenn er es auch nicht gewußt hätte, so doch bestimmt der Heilige Geist, der wiederum ihn dazu inspiriert hätte, ihm die Stimme nicht vorzuenthalten.

In der westlichen Abteilung des linken Seitenschiffes von Sankt Peter errichtete Bernini das Grabmal für Papst Alexander VII. (gest. 1667), der aus der berühmten Bankiersfamilie Chigi stammte. Mit dem geflügelten Totengerippe darauf, das dem betenden Papst die abgelaufene Sanduhr entgegenstreckt, spielte der Künstler auf die melancholische Einstellung Alexanders an. Denn dieser Papst, der so viel Interesse für die Kunst zeigte und der Bernini mit dem Bau der prächtigen Scala Regia im Vatikan und der Schaffung der Kolonnaden des Petersplatzes beauftragte, wollte während seines Pontifikates immer den Tod vor Augen haben. Gleich nach seiner Wahl ließ er sich einen Sarg in sein Schlafzimmer stellen. Er trank aus einer Tasse, auf deren Grund ein Totenkopf gemalt war, und für seinen Schreibtisch mußte ihm Bernini einen Totenschädel aus weißem Marmor meißeln.

Im Durchgang zum rechten Querschiff von Sankt Peter steht das Grabdenkmal für Papst Benedikt XIV. (gest. 1758). Der Papst war in Wirklichkeit nicht so schlank, wie er dargestellt ist, sondern mittelgroß und recht korpulent; er hatte kastanienbraunes Haar, eine gewaltige Nase, blaue Augen und lächelte zumeist ein wenig verschmitzt, so wie ihn auch die schöne Marmorbüste von Pietro Bracci zeigt. Nicht zu Unrecht galt er als einer der liebenswertesten und freundlichsten, zugleich aber auch schlagfertigsten Päpste der Neuzeit, der stets zu Scherzen aufgelegt war.

Daß er ein treffendes Wort liebte, zeigte sich schon bei seiner Wahl. Das Konklave, aus dem er als Papst hervorging, dauerte sechs Monate, und Prospero Lambertini, so hieß der Papst mit seinem bürgerlichen Namen, soll sich noch während der Verhandlungen zu seinen Freunden geäußert haben: „Es ist schade, die Zeit mit müßigen Beratungen zu verlieren; wollt ihr einen Heiligen, so wählt den Kardinal Gotti; soll es ein Politiker sein, so gebt eure Stimmen Aldobrandini; se volete un buon caglione – wünscht ihr aber einen ehrlichen Kerl, so findet ihr ihn in mir."

Nach der Wahl erklärte er den Kardinälen, er habe aus drei Gründen angenommen: Erstens, um sich dem Willen Gottes zu fügen; zweitens, um ihre Begünstigung nicht zu mißachten; drittens aber, um dem unwürdigen Skandal eines so lange dauernden Konklaves endlich ein Ende zu bereiten.

In seinen diplomatischen Verhandlungen konnte sich Benedikt zu recht drastischen und so gar nicht päpstlichen Äußerungen hinreißen lassen. So erzählt beispielsweise Graf Thun in einem Schreiben an die Kaiserin Maria Theresia: „Papst Benedikt hat gesagt, wenn das nicht die Wahrheit ist, soll ihn sofort der Teufel holen."

Von den vielen Anekdötchen, die beim römischen Volk über Benedikt XIV. umgingen, sei hier nur noch eine besonders kennzeichnende erzählt:

Benedikt war vor seiner Wahl Kardinal-Erzbischof von Bologna gewesen und kannte genau die Verhältnisse in der Stadt, wo die alten Familien den Verband der „Quaranta", der Vierzig, bildeten. Mitglieder dieser vornehmen Familien fügten bei einer Vorstellung ihrem Namen immer das Wort „Quaranta" hinzu, um ihre Vornehmheit ja aller Welt deutlich genug kundzutun.

Nun kamen einmal zwei dieser Bologneser, die die Familiennamen Lupi (lupo = Wolf) und Orsi (orso = Bär) trugen, nach Rom und baten um eine Audienz bei Benedikt. Der päpstliche Haushofmeister meldete sie, so wie ihm aufgetragen war, mit den Worten: „I signori Orsi quaranta e Lupi quaranta." Der Papst, der an seinem Schreibtisch arbeitete, sagte daraufhin so laut, daß es die beiden Betroffenen hören mußten: „Entrino pure questo ottanta bestie! – Sie sollen nur hereinkommen, die achtzig Viecher!"

Als der junge Canova von Fürst Rezzonico den Auftrag erhielt, im Petersdom das Grabmal des Papstes Klemens XIII. (gest. 1769) zu schaffen, murrten die römischen Künstler, da sie es dem Venetianer nicht gönnten, mit seinem Werk nun auch in dieser Kirche vertreten zu sein.

Für Canova selbst kam der Auftrag wie ein Gottesgeschenk. Er hatte sich kurz zuvor mühsam viertausend Skudi erspart, mit denen er die Mutter und den Stiefbruder unterstützen wollte. Dreitausendfünfhundert waren bei einem Notar, der Rest bei einem Verwandten deponiert, beide aber veruntreuten die Summe, so daß Canova völlig mittellos dastand.

So blieb ihm nichts anderes übrig, als Geld zu leihen, um den Marmor und die Arbeitslöhne bezahlen zu können, und er arbeitete deshalb wie ein Besessener. Am Karfreitag des Jahres 1792 hatte er das Werk vollendet, und Papst Pius VI., der es als einer der ersten betrachtete, rief ein um das andere Mal: „Bello!

Bello!“ Besonders bewunderte er die strenge Silhouette des knienden Papstes.

Das kunstbegeisterte Rom eilte an jenem Karfreitag nach Sankt Peter, um das neue Werk zu bestaunen. Nur Canova selbst war verschwunden. Mißtrauisch gegen das Lob der Freunde, verkleidete er sich als heruntergekommener Kleriker und mischte sich unter das Publikum, um so die wahre Meinung über sein Werk zu erkunden. Später erzählte er vergnügt, die Verkleidung sei so wirkungsvoll gewesen, daß selbst sein Gönner Fürst Rezzonico mit instinktiver Bewegung seine Geldbörse gesichert hätte, als sich ihm der vermeintliche Strolch näherte.

Bei der Arbeit am Grab Klemens' XIII. bediente sich Canova der Hilfe eines unbedeutenden Bildhauers, der den merkwürdigen Namen Elefante führte. Der gute Mann brannte nun aber vor Ehrgeiz, auch seinen Namen auf dem Grabmal angebracht zu sehen. Die ganze Zeit über lag er Canova in den Ohren, bis dieser schließlich nachgab und den Wunsch seines Gehilfen erfüllte. Er schuf ein ebenso originelles wie sprechendes Signum. Zu Füßen der ehrfurchtgebietenden Frauengestalt, welche die Religion symbolisiert, liegt ein Löwe. Canova hat dessen Hinterteil, wie man deutlich erkennt, wenn man ganz auf die linke Seite des Grabes tritt, wie den Kopf eines Dickhäuters geformt. Deutlich sind Rüssel, die großen Wedelohren und auch die Stoßzähne zu erkennen. Ein reizvolles Vexierbild und ein ewiges Denkmal für den kleinen, bescheidenen und doch so ehrgeizigen Elefante.

Die von Canovas Meisterhand gemeißelte Marmorstatue des Papstes Pius VI. in der Confessio vor dem Petersgrab erinnert mit dem leidgeprüften, himmelwärts erhobenen Antlitz des Betenden an die wohl schwerste Stunde dieses Papstes. Er hatte 1797 im Frieden von Tolentino einen Teil des Kirchenstaates an Napoleon abtreten und zweiunddreißig Millionen Francs Kriegsentschädigung zahlen müssen. Damals wurden selbst die silbernen Lampen an der Confessio des Petersgrabes eingeschmolzen, um die Kontribution aufbringen zu können.

Aber schon ein Jahr später, am 15. Februar 1798, besetzte der französische General Berthier Rom und befahl, den Papst als Gefangenen nach Frankreich zu bringen. Auf die Bitte des Achtzigjährigen, ihn doch in Rom sterben zu lassen, antwortete ein französischer Kommissar: „Vouz mourrez partout – Ihr könnt überall sterben!"

Am 20. Februar um vier Uhr morgens brachte ein einfacher, von französischer Reiterei eskortierter Reisewagen den Papst ins Exil. Er starb ein Jahr später in Südfrankreich, und erst 1802 wurden seine Gebeine nach Rom übergeführt und in der Confessio von Sankt Peter beigesetzt.

Pius VI. muß ein ausnehmend stattlicher und zugleich würdevoller Mann gewesen sein. Der Macht seiner Persönlichkeit konnte sich so leicht niemand entziehen, selbst Lessing, der streitbare Aufklärer, zollte ihr seinen Tribut. Als er 1775 in der Begleitung des Prinzen Leopold von Braunschweig dem Papst vorgestellt werden sollte, hatte man den beiden Protestanten den Fußkuß ausdrücklich erlas-

Die Via del Campanile im Borgo. Rechts die 1566 erbaute Kirche Santa Maria in Traspontina, im Hintergrund der Gang zwischen Vatikan und Engelsburg.

An der Porta Angelica (Ausschnitt). Das heute abgerissene Tor lag an der nach ihm benannten Via di Porta Angelica, die vom Petersplatz nach Norden zur Piazza del Risorgimento führt.

sen, dennoch schickte sich Lessing dazu an, was der Papst aber vermied, indem er lächelnd den Fuß zurückzog.

Im übrigen scheint sich Pius seiner Erscheinung voll bewußt gewesen zu sein und mochte das auch manchmal zu deutlich unterstreichen. Pasquino entdeckte natürlich diese kleine Schwäche sehr rasch und sagte:

„Aspice Roma Pium, Pius! Haud est: aspice mimum
Luxuriante coma, luxuriante pede.
Blicke auf Pius, Rom! Das heißt nicht: schau dir den Mimen an,
mit dem gepflegten Haar, mit dem vornehmen Fuß."

Pius nahm auch ein Kulturwerk von großartiger Bedeutung in Angriff, die Austrocknung der Pontinischen Sümpfe. Erst eineinhalb Jahrhunderte später blieb es dem Faschismus vorbehalten, seine Pläne der Vollendung zuzuführen. In Sankt Peter legte er den Grundstein zur neuen Sakristei. „Ut vota publica imperet novi sacrarii Vaticani fundamenta iecit – Wie die Öffentlichkeit es wünschte, wurden hier die Fundamente für die neue Sakristei gelegt", besagt dort eine Inschrift.
Pasquino mußte daraufhin natürlich gleich kontern:

„Publica! Mentiris. Non publica vota fuere
Sed timidi ingenii vota fuere tui.
Öffentlichkeit! Das meinst du! Nicht die öffentliche Stimme war es,
sondern die Stimme deines furchtsamen Gemüts."

Obgleich die Römer allen Grund gehabt hätten, dem Papst für seine Arbeiten dankbar zu sein, sahen sie nur die Ausgaben, die Pasquino sogleich wieder zu einer frechen Feststellung benutzte:

„La Paludi, Subiaco e la Sagrestia
Sono tre coglionaria
di Vossignoria!
Die Sümpfe, Subiaco (wo der Papst eine Kirche vollständig erneuern ließ) und die Sakristei
sind drei Dummheiten
Eurer Herrlichkeit!"

Die Päpste pflegten früher bei jeder sich bietenden Gelegenheit, bei einem Neubau ebenso wie bei Renovierungsarbeiten, ihren Namen an dem fertigen Werk verewigen zu lassen. Pasquino hatte darüber schon oft genug gespottet. Nun nutzte er natürlich manche sich bietende Gelegenheit, um seine scharfe Zunge zu wetzen. Als einmal Pius VI. ein Haus hatte tünchen lassen, schlug Pasquino prompt vor, doch eine schöne lateinische Inschrift anbringen zu lassen:

„Pius VI. Pont. Max. Hanc Albitudinem ab Fundamentis erexit.
Pius VI. hat diese Tünche von Grund auf errichtet."

Die Schweizergarde an den Toren des Vatikans wacht seit Jahrhunderten streng über die zahllosen Fremden, die nur gar zu gern aus reiner Neugier ihre Nase in alle Winkel des Vatikans stecken möchten. Beachtenswert aber ist dabei seit eh und je das

Entgegenkommen, das man nichtkatholischen vornehmen Gästen beweist.

So erzählt man von zwei adeligen Herren, die 1712 bei ihrem Besuch in der Peterskirche ungeniert schnupften. Als ein Gardist sie auf das ausdrückliche Verbot hinwies, das schon Urban VIII. erlassen hatte, erklärten sie, sie seien „Ketzer“, worauf der Schweizer sich mit einer höflichen Entschuldigung zurückzog.

Der deutsche Dichter Wilhelm Müller stellte zur Zeit Goethes fest, daß bei allen kirchlichen Feiern in Rom der „fremde Ketzer“ vor den einheimischen Rechtgläubigen das Vorrecht des Eintritts habe, und „eine englische oder deutsche Physiognomie mehr als römische Sterne gelten“.

Kein Wunder, daß auch Pasquino dazu Stellung nahm. Eines Tages erkundigte er sich bei Marforio: „Wo willst du hin, Bruder, in dem schwarzen Kleid und mit dem Patentdegen?“ Marforio antwortete: „Ich gehe zur Sixtinischen Kapelle, um das Miserere zu hören.“

„Ha“, höhnte Pasquino, „da gehst du vergebens. Die Schweizer werden dich stoßen und die päpstlichen Kavaliere dich höflich abweisen.“

„Sei unbesorgt“, stellte Marforio fest, „ich werde wohl hineinkommen, denn ich bin gestern ein Ketzer geworden.“

In der Peterskirche wurde das erstemal 1870 ein Konzil abgehalten. Im Mittelpunkt der Verhandlungen stand damals die Frage nach der Unfehlbarkeit des Papstes in Glaubensdingen. Damals schon mußten sich die Konzilsväter so nebenbei mit einem anderen Problem herumschlagen, das auch beim Zweiten Vatikanischen Konzil, viel Kopfzerbrechen bereitete – nämlich mit den hohen Kosten, die diese Kirchenversammlung verursachte. Und Papst Pius IX. brach in den Ruf aus: „Ich weiß nicht, ob der Papst aus diesem Konzil als fehlbar – falibile – oder als unfehlbar – infalibile – hervorgehen wird. Sicher erscheint mir nur, daß er bankrott – falito – sein wird."

Im Herbst 1962, wenige Tage vor Beginn des Konzils, fanden Arbeiter in der Peterskirche eine kleine Höllenmaschine. Der Vorfall zeigt, daß auch heute noch die Überwachung der Besucher notwendig sein kann und die Schweizergardisten nicht nur als Dekorationsfiguren dienen. Nur eines kommt nicht mehr vor – sie müssen keine Besucher mehr zurückweisen, die den Papst bekehren möchten.

So merkwürdig es klingen mag, aber das kam noch im 18. Jahrhundert öfters vor. Am energischsten erwies sich dabei ein schottischer Geistlicher, der meinte, daß es seine Pflicht sei, den Papst zur presbyterianischen Kirche zu bekehren. Es gelang ihm tatsächlich, 1770 während einer Feier in der Peterskirche bis zu Papst Klemens XIV. vorzudringen. Es bleibt aber dahingestellt, ob er den richtigen Ton für seine Bekehrung fand, denn er schrie mit lauter Stimme: „O du Tier mit sieben Köpfen und zehn Hörnern! Du Mutter der Buhlerinnen, angetan mit Purpur und Scharlach und übergoldet mit Gold und Edelsteinen und Perlen! Wirf den goldenen Becher voll von Greueln und den Schmutz deiner Unzucht von dir!"

Die Fama berichtet nicht, ob er diese liebenswürdigen Worte in Latein, Englisch oder Italienisch rief.

Die Wirkung war für ihn aber auf alle Fälle durchschlagend, denn die Schweizergardisten nahmen ihn in Gewahrsam, und es wäre ihm schlecht ergangen, wenn nicht Klemens in der allgemeinen Empörung Sinn für Humor bewiesen hätte. Mit dem Hinweis, er sei ihm für seine gute Absicht und wegen der langen Reise um einer guten Sache willen sehr verbunden, entließ er den streitbaren Schotten und zahlte ihm sogar noch die Heimfahrt.

DIE SIXTINISCHE KAPELLE

Wer heute versucht, eingekeilt unter die Besuchermassen der Sixtinischen Kapelle, unabhängig von all dem Rummel mit wenigstens einem bescheidenen Maß von Ruhe und Sammlung die Fresken zu bewundern, die von den berühmtesten umbrischen und florentinischen Malern ihrer Zeit, Ghirlandaio, Botticelli, Perugino, Pinturicchio und Roselli, geschaffen wurden, wird mit Wehmut jener ruhigen Zeiten gedenken, da Papst Sixtus IV. 1483 die Römer zur Besichtigung der Bilder noch aneifern mußte und deshalb bekanntgab, daß jeder, der in der Sixtinischen Kapelle beichtete, einen vollen Ablaß erhielte.

Am 21. Januar 1564, einem Monat vor Michelangelos Tod, beschloß die Kongregation des Tridentiner Konzils, daß die „skandalösen Nacktheiten“ auf dem „Jüngsten Gericht“, an denen man schon verschiedentlich Anstoß genommen hatte, zu übermalen seien. Der Künstler selbst hat von diesem Entschluß glücklicherweise nichts mehr erfahren. Den Auftrag aber mußte einer seiner Schüler, Daniele da Volterra, ausführen, der daraufhin auch prompt von den Römern den Spitznamen Braghetone = Hosenlatzfabrikant bekam.

Großzügiger als diese Kongregation war ein Jahrzehnt später die venezianische Inquisition. Als sich dort nämlich Paolo Veronese wegen der etwas zu üppigen Nuditäten auf seinen „Gastmälern“ verantworten mußte und zu seiner Verteidigung auf das Werk Michelangelos verwies, erwiderte ihm der Großinquisitor, daß beim Jüngsten Gericht alle Menschen nackt erschienen und daher auch nicht bekleidet gemalt werden könnten.

Auf dem „Jüngsten Gericht“ hat Michelangelo auch zwei seiner Kritiker verewigt. Einmal den scharfen Spötter Pietro Aretino. Der kam noch verhältnismäßig glimpflich weg. Er wurde als Bartholomäus dargestellt, gleich rechts unterhalb des richtenden Christus, mit der Haut des Geschundenen, die das Selbstbildnis Michelangelos zeigt.

Wesentlich schlechter erging es dem päpstlichen Zeremonienmeister Biagio da Cesena, der das „Jüngste Gericht“ eine „Stufa d’ignuti“, eine Badeanstalt, genannt hatte. Michelangelo verübelte Biagio sein kritisches Wort, das ihn um so mehr traf, als es bald in ganz Rom die Runde machte, und er verewigte den Zeremonienmeister sogleich als Minos, den Höllenrichter, eine Figur mit Eselsohren und Schlangenschwanz ganz unten in der rechten Ecke des Gemäldes. Biagio beklagte sich daraufhin bei Papst Paul III.

Der aber sagte bedauernd: „Messer Biagio, Gott hat mir nur Macht im Himmel und auf Erden gegeben, nicht aber über die Hölle. Wäret Ihr wenigstens im Fegefeuer – aber aus der Hölle nulla est redemptio – da gibt es keine Rückkehr.“

VATIKANISCHE MUSEEN

Es ist gut hundert Jahre her, daß die prachtvolle Herkulesstatue aus Goldbronze, die man heute im Vatikanischen Museum bewundern kann, im Jahre 1864 wieder das Licht erblickte, nachdem sie wahrscheinlich mehr als eineinhalb Jahrtausende im Boden Roms geschlummert hatte, wo sie vor den plündernden Scharen Alarichs versteckt worden war.

Als der reiche Bankier Righetti den Palazzo Pio zwischen Sant'Andrea della Valle und dem Campo dei Fiori über der Stätte des Pompejus-Theaters renovieren ließ, fanden die Arbeiter plötzlich in dem abgeräumten Erdreich im Hof einen Finger aus Goldbronze, lang wie eine Männerhand. Sogleich ließ der Bankier die Arbeiten einstellen, und der päpstliche Kommissar der römischen Altertümer übernahm selbst die fachmännische Leitung der weiteren Grabungen. Tatsächlich entdeckte man eine sorgfältig abgestützte weiträumige Kammer, in der die wohlerhaltene Statue des Herkules lag; nur eben jener zufällig entdeckte Finger fehlte. Mit größter Vorsicht hob man die Figur ans Licht, und der Bankier schenkte sie sogleich dem Papst. Pius IX. revanchierte sich außerordentlich großherzig, denn er ließ dem Bankier ein

Gegengeschenk von siebzigtausend Skudi, das sind etwa dreihundertfünfzigtausend Goldmark, zukommen.

Auf dem Bild des Parnaß, das Raffael (1483–1520) in den Stanzen des Vatikans malte, hat er auch Sappho, die größte griechische Dichterin, verewigt. In der einen Hand hält sie eine Rolle mit der Aufschrift „Sappho", in der anderen eine Leier; ihr blondes Haupt Petrarca zugewandt, lauscht sie dem Gesang Homers. Als Modell diente Raffael die berühmteste römische Kurtisane, Imperia, deren Schönheit so groß gewesen sein soll, daß selbst Pasquino, der alte Spötter, einmal anerkennend feststellte:

> „Due numi hanno fatto a Roma due grandi doni:
> Marte l'Imperio, Venere la Imperia.
> Zwei große Geschenke bekam Rom von zwei Gottheiten:
> Das Imperium von Mars, von Venus Imperia."

Wie einst manche Hetäre Griechenlands zeichnete sich auch Imperia durch vorzügliche Bildung und hohen Kunstsinn aus. Ihren Salon, in dem Staatsmänner und Künstler verkehrten, beschrieb einmal der Dichter Luigi Bartello. Aufs erlesenste ausgestattet, erregte er die Bewunderung der Besucher. Türkische Teppiche bedeckten den Boden, die Wände waren mit Goldbrokat ausgeschlagen.

Als Imperia starb, wurde sie in der Kirche von San Gregorio Magno beigesetzt, und auf ihrer Gruft stand in lateinischer Sprache:

„Imperia, die römische Kurtisane, die ihres Na-

ia dei Penitenzieri (Ausschnitt). Blick nach Süden, links die Mauern des Hospitals
ıd der Glockenturm der Kirche S. Spirito in Sasso.

Auf der Terrasse an den Gärten der Farnesina (Ausschnitt). Blick vom rechten Tiberufer in Trastevere flußabwärts.

mens würdig war wegen ihrer Schönheit, die nur selten bei Menschen zu finden ist. Sie lebte einundzwanzig Jahre und zwölf Tage und starb am 15. August 1511."

Ihr Grabstein ist, wie so vieles in Rom, heute verschollen, und wenn auch von Millionen Besuchern der vatikanischen Museen kaum jemand darauf achtet, so hat Raffaels Bild ihr Aussehen doch der Nachwelt erhalten.

Papst Pius IV. (1559–1565) hatte in der Sala Regia des Vatikans den am 11. August 1177 zwischen Papst Alexander III. und Kaiser Friedrich Barbarossa zu Venedig geschlossenen Frieden durch ein großes Fresko verherrlichen lassen. Nun scheint es aber mit den historischen Kenntnissen des Künstlers nicht allzu gut bestellt gewesen zu sein, denn die Unterschrift dazu besagt nichts anderes, als daß Alexander III. nur mit Hilfe Venedigs seine päpstliche Würde wiedererlangt habe. An den Worten „Ita Pontifici sua dignitas Venetae Reipublicae beneficio restaurata est" störten sich aber die päpstlichen Historiker, und so kam es, daß Urban VIII. (1623–1644) die ganze Inschrift kurzerhand übertünchen ließ. Sehr zum Mißvergnügen der Venezianer, die sich noch mehr empörten, als der Papst eine neue Inschrift anbringen ließ, die den historischen Vorgang richtig darstellte. Das aber war zu viel für die Bürger Venedigs. Sie ergingen sich in Drohungen, ja man dachte an die Ausweisung des päpstlichen Nuntius. Es kam so weit, daß der venezianische Geschäftsträger Rom verließ, weil man ihm bedeutete, er solle sich doch wegen einer solchen Bagatelle von zwei Worten nicht ereifern, zumal jeder Herr in seinem eigenen Hause sei.

Was bisher eine Komödie war, wuchs zu einer Staatsaktion, zumal Spanien und Holland den Streit noch schürten. In Venedig begann man gegen die Geistlichkeit vorzugehen, um den Papst so zum Nachgeben zu zwingen. Erst die drohende Türkengefahr brachte nach drei Jahren eine Wendung. Auf Betreiben des Kardinals Cornaro wurde die neue Inschrift wieder übertüncht. Venedig schickte, da der Papst sich zur Unterstützung gegen die Türken bereit erklärt hatte, einen neuen Gesandten, den Urban VIII. huldvollst aufnahm. Nur zur Anbringung der alten Inschrift konnte er sich nicht entschließen.

In dem ersten größeren Saal der Borgia-Gemächer im Vatikan, die Alexander VI. (1492–1503) sich erbauen ließ, geriet dieser Papst im Sommer des Jahres 1500 in Lebensgefahr. Am 29. Juni brach, wie der Zeremonienmeister Burkard erzählt, nach der Vesperstunde in Rom ein heftiges Unwetter los. Der Sturm warf einen Schornstein des Vatikans um, der im Fallen das Dach und mit dem Dach zwei Balken in einem oberen Saal durchschlug. Dabei fanden drei Menschen den Tod. Die darunterliegende Decke über dem Papstsaal hielt dem verdoppelten Anprall ebenfalls nicht stand und stürzte über dem Saal zusammen, in dem gerade Alexander VI. weilte. Die beiden Begleiter des Papstes, ein Kardinal und der Geheimsekretär, konnten sich in eine Fensternische retten, und mit Entsetzen sahen sie, daß Alexander selbst unter einem Trümmerhaufen begraben lag. Sie schrien den Saalwächtern zu: „Der Papst ist tot!“ Als sie aber die Unglücksstelle näher untersuchten, merkten sie, daß Alexander wie durch ein Wunder mit dem Leben davongekommen war; denn die Balken waren zwar in der Mitte durchgebrochen, hingen aber gerade über dem Sitz des Papstes noch in der Mauer und bildeten so ein natürliches Schutzdach, das ihn vor dem herabstürzenden Schutt bewahrt hatte. Alexander kam mit einigen leichten Verletzungen und dem Schrecken davon.

Im Sala dei Santi der Borgia-Gemächer hat Pinturicchio die Fresken eigenhändig ausgeführt; Die Hauptwand zeigt die Disputation der heiligen Katharina von Alexandrien mit Kaiser Maximian. Die Heilige, ein wunderschönes blondes Mädchen, gekleidet in blaue und rote Gewänder, die Farben der Borgia, soll Lucrezia Borgia sein, die Tochter Alexanders VI. Links, über spielenden Kindern, hat sich der Maler selbst dargestellt, und ganz rechts sehen wir einen orientalischen Fürsten hoch zu Roß. Es ist das Porträt eines der merkwürdigsten Menschen, die der Vatikan im Lauf seiner vielhundertjährigen Geschichte beherbergt hat: Prinz Djem, der Sohn Sultan Mohammeds II. Es war ein höchst merkwürdiges Schicksal, das ausgerechnet den Sohn des Eroberers von Konstantinopel an den päpstlichen Hof verschlug. Prinz Djem hatte 1481 bei Jenischehr im Kampf gegen seinen älteren Bruder, den Sultan Bajazid II., eine Niederlage erlitten und war vor dessen Zorn zu den Johannitern geflüchtet. Als daraufhin der Sultan demjenigen eine jährliche Rente versprach, der den Prinzen als Gefangenen bei sich behalten würde, stritten sich die europäischen Potentaten geradezu um diesen einträglichen Häftling. Der Papst aber schlug die Konkurrenten mit dem Angebot eines Kardinalshutes für den Großmeister der Johanniter aus dem Feld, und so wurde der Prinz 1489 nach Rom gebracht. Sein Einzug beweist, daß es dem Papst nicht auf das Geld des Sultans ankam, sondern vielmehr auf den moralischen Erfolg, den Sohn eines so großen Gegners der katholischen Kirche bei sich aufgenommen zu haben. Ähnlich großzügig wurde zweihundert Jahre später Königin Christine, die Tochter des Schwedenkönigs Gustav II. Adolf, in Rom aufgenommen.

Es muß eine phantastische Prozession gewesen sein, als Prinz Djem auf einem schneeweißen Roß, das ihm der Papst geschenkt hatte, tief verschleiert, umgeben von Kardinälen, in Rom eintritt. Bei der Begrüßung durch den Papst gab es Schwierigkeiten, da der junge Orientale sich weigerte, bei der Begrüßung dem Papst den Fuß zu küssen, so wie es die Etikette vorschrieb. Er ließ sich nur widerwillig zu einem Kuß auf die linke Schulter herab.

Sechs Jahre lang residierte der Bruder des „Erzfeindes aller Christenheit" am päpstlichen Hofe, bis er 1496 überraschend starb; an einem gewissen „weißen Pulver", wie man allgemein munkelte.

Die Laokoon-Gruppe im Belvedere-Hof, heute eine der Hauptsehenswürdigkeiten der Vatikanischen Museen, galt schon in der Antike als eines der berühmtesten Kunstwerke der Welt. So jedenfalls beschrieb sie der römische Schriftsteller Plinius, der sie im Palast des Titus gesehen hatte.

Doch wie so viele Werke antiker Kunst geriet sie im

Mittelalter völlig in Vergessenheit. Es war reiner Zufall, daß am 14. Januar 1506 ein römischer Grundbesitzer auf dem Westhang des Esquilin, dort, wo einst die Thermen des Titus lagen, bei Feldarbeiten auf ein unterirdisches Gewölbe stieß, in dem man eine antike Plastik vorfand. Und es war ebenso Zufall, daß Michelangelo gerade dort in der Nähe spazierenging und als einer der ersten diese neu gefundene Plastik sah und in ihr sogleich die seit mehr als einem Jahrtausend verschollene Laokoon-Gruppe erkannte. Zwar fehlten die Sockel, Teile vom rechten Arm des Vaters, ebenso die rechte Hand und das rechte Bein des älteren Sohnes, dazu der rechte Arm des jüngeren, das aber schmälerte die Begeisterung über den Fund dieses kostbaren Kunstwerkes nicht. Genau vier Wochen nach der Auffindung wurde die Gruppe geradezu im Triumphzug vom Esquilin zum Vatikan gebracht, wo sie im Belvedere-Garten Aufstellung fand.

Der glückliche Besitzer des Ackers, auf dem man sie gefunden hatte, erhielt nicht nur sogleich sechshundert Goldgulden, sondern auch auf Lebenszeit die Einnahmen des Wegzolls an der Porta San Giovanni. Noch heute ist auf seinem Grab in der Kirche Aracoeli die schwülstige Inschrift zu lesen, in der ihm für die Wiederauffindung des Laokoon die Unsterblichkeit verheißen wird.

Dabei wäre die Plastik beinahe wieder verschwunden, denn Papst Sixtus V. (1585–1590) mochte sie nicht leiden, so wie er auch den Apoll vom Belvedere nicht leiden mochte, und wollte sie aus dem Vatikan entfernen lassen. 1797 mußte sie dann tatsächlich den Vatikan verlassen und wurde von den Franzosen nach Paris verschleppt. Erst 1815 kehrte sie an ihren alten

Platz zurück. Und 1905 kam sogar noch ein Stück dazu, denn da fand man den rechten Arm des Vaters.

Von Giotto (1266–1337) sind nur einige Bruchstücke seiner Werke in Rom erhalten, so etwa das Fresko in San Giovanni in Laterano, das die Verkündigung des Jubeljahres durch Papst Bonifaz VIII. zeigt, und die Fragmente der berühmten Navicella, des Sturmes auf dem See Genesareth, eines Mosaiks, das aus der alten Peterskirche in die Vorhalle der heutigen Kirche übernommen wurde. Doch bemühte sich Papst Benedikt XI. gerade um diesen Künstler. Er sandte einen Beamten des päpstlichen Hofes nach Florenz, dieser besuchte Giotto, überbrachte ihm die Einladung des Papstes und bat ihn sogleich um eine kleine Probe seiner Kunst, die er dem Heiligen Vater mitbringen wollte. Giotto nahm ein Blatt und einen Pinsel mit roter Farbe, legte den Arm fest in die Seite und zog so, indem er nur die Hand bewegte, einen Kreis, so scharf und genau, daß niemand annehmen konnte, er wäre ohne Zirkel gefertigt. Dann sagte er zu dem Höfling: „Da habt Ihr die Zeichnung.“ Dieser glaubte sich gefoppt, überbrachte das Blatt jedoch dem Papst und erzählte auch, wie der Kreis zustande gekommen war. Benedikt XI. erkannte darin sogleich die große Kunstfertigkeit Giottos und zögerte nicht, diesen mit allen Ehren nach Rom zu rufen.

Das Belvedere, ursprünglich als Sommerresidenz der Päpste gedacht und heute nach manchen Änderungen in den großen Trakt der Vatikanischen Museen einbezogen, wurde nach den Entwürfen Bramantes erbaut. Als es fertiggestellt war, wollte der Architekt den Namen des Papstes Julius II. und seinen eigenen in einer höchst scharfsinnigen Form nach Art der damals gerade in Mode gekommenen ägyptischen Hieroglyphen verewigen. So begann er damit, den Profilkopf Caesars und eine zweibogige Brücke mit den Obelisken im ehemaligen Circus Maximus darzustellen. Das sollte so viel heißen wie *Julius* Caesar, *Ponte* (= Brücke, zweimal) und Circus *Maximus* = Julius Pont. Maximus.

Als der Papst dies sah, machte er sich über Bramantes Versuche lustig und sagte zu ihm: „Diese Albernheit hast du von einem Tor in Viterbo, an dem ein Baumeister Francesco in ähnlich unsinniger Weise seinen Namen verewigt hat. Erst kam dort der heilige Franziskus, dann ein Bogen, ein Dach und ein Turm, was er erklärte mit „Francesco, der Architekt" (Arco = Bogen; Tetto = Dach; Torre = Turm: Architettore). Bramante mußte seine Hieroglyphen wieder entfernen und an ihre Stelle eine lateinische Inschrift setzen.

Die für die Sixtinische Kapelle und die Papstmesse geschriebenen Kompositionen durften in früheren Jahrhunderten nicht gedruckt und auch an keinem anderen Ort aufgeführt werden. So schuf Gregorio Allegri, der Nachfolger Palaestrinas, um 1630 sein berühmtes „Miserere" für zwei ungleiche Chöre. Fast eineinhalb Jahrhunderte lang durften es nur die Besucher der Sixtinischen Kapelle hören, und von diesem Psalm wurde gesagt, „daß er die Seelen der Zuhörer entführe".

Man kann sich die Verwunderung und das Aufsehen vorstellen, als 1771 der fünfzehnjährige Mozart bei einem Konzert in Rom abends seinen Zuhörern dieses Miserere vorspielte. Er wurde sogleich verdächtigt, sich eine Abschrift der Komposition besorgt zu haben. Um so größer aber war die Verwunderung, als sich herausstellte, daß Mozart die Musik in der Sixtinischen Kapelle gehört und einfach aus dem Gedächtnis heraus fast fehlerfrei aufgezeichnet hatte.

Papst Klemens XIV. empfing den jungen Künstler und verlieh ihm den Orden vom Goldenen Sporn, mit dem Ritterwürde und persönlicher Adel verbunden waren.

Zweimal hat sich Papst Julius II. in den Stanzen des Vatikans von Raffael malen lassen. Einmal auf der „Messe von Bolsena", wo er am Altar kniet und betend das Wunder miterlebt, daß ein am Glauben zweifelnder böhmischer Priester bei der Wandlung Blutstropfen aus der Hostie dringen sieht. Das zweitemal ist er auf der „Vertreibung Heliodors" dargestellt; hier wird er gerade in einer Sänfte hereingetragen. Nun zeigt auf diesem Fresko das Gesicht des Papstes eine viel rötere Hautfarbe als auf dem ersten Bild. Als ein Kritiker an dieser Tatsache Anstoß nahm, erklärte Marcantonio Colonna schlagfertig, Raffael habe sogar ganz richtig gemalt, denn auf dem ersten Bild wäre Julius II. nüchtern vor der Kommunion dargestellt, während er auf dem zweiten wahrscheinlich gerade vom Essen komme.

*ie „Festung der Anguillara" in Trastevere. Der heute im Stil des 13. Jahrhunderts re-
aurierte Befestigungsturm gehört zum Palazzo Anguillara, auch Casa di Dante ge-
annt, an der Piazza Sonnino. Er ist der einzige noch erhaltene Geschlechterturm in
rastevere.*

Blick über den Tiber nach Trastevere zu den „Case degli Anguillara", heute Palazzo Anguillara, rechts davon der Turm der Kirche San Crisogono aus dem 12. Jh.

Das berühmte Bild Sixtus' V. (1585–1590) in der Vatikanischen Pinakothek läßt ein wenig von der Energie und dem unbeugsamen Willen ahnen, die so kennzeichnend für das Wesen des einstigen Mönches Peretti sind. Der durchdringende Blick und die scharf aufeinandergepreßten Lippen zeugen von der Strenge des Papstes, der mit eiserner Härte in Rom und im gesamten Kirchenstaat mit dem Bandenunwesen aufräumte. Die Römer, die ihm in erster Linie dafür hätten dankbar sein dürfen, fürchteten ihn, und noch zwei Jahrhunderte später galt er, wie ein Historiker erzählt, als Schreckgespenst für unartige Kinder.

Nur gelegentlich wagte sich die Spottlust hervor, und in der Stadt erzählte man sich von einem Zwiegespräch zwischen den Statuen der Apostel Petrus und Paulus, die auf der Engelsbrücke stehen.

„Warum trägst du einen Sack auf dem Rücken?" fragte Paulus seinen Gefährten.

Petrus antwortete: „Ich will lieber die Stadt verlassen, denn man könnte mich gefangennehmen, weil ich Malchus ein Ohr abgehauen habe!"

Von der Wahl Sixtus' V. werden die merkwürdigsten Dinge erzählt. Man sagte, daß er sich als Kardinal jahrelang verstellt hätte und als ruhiger, bescheidener, etwas schwächlicher und gebrechlicher Greis galt. Kaum aber sei er zum Papst gewählt worden, habe er sich aufgerichtet, den Krückstock beiseite geworfen und mit kräftiger, lauter Stimme das Te Deum angestimmt. Sicher ist, daß die Wahl dem alten Manne neue Kräfte gab, deren er für seine Aufgabe der Säuberung des Kirchenstaates so dringend bedurfte. Neben seiner Härte, von der schon die Rede war, gab vor allem auch seine Sparsamkeit – man kann schon sagen: sein Geiz – Anlaß zu mancher Anekdote. So ließ der Papst einmal den Prior eines Mailänder Klosters nach Rom kommen und warf ihm vor, daß er sein Kloster schlecht verwalte. „Vor fünfzehn Jahren habt Ihr einen Franziskaner beherbergt und ihm sogar Geld geliehen“, erklärte er dem Verängstigten.

„Das stimmt“, gab der Prior zu, „ich handelte eben aus Barmherzigkeit. Aber ich bin betrogen worden und habe weder das Geld noch den Lumpen selbst je wiedergesehen!“

„Schon gut“, brummte der Papst. „Der Franziskaner war ich; da habt Ihr Euer Geld wieder. Aber nächstes Mal dürft Ihr solchen Leuten nichts mehr leihen.“

Sixtus V. sagt man übrigens eine besondere Vorliebe für die Zahl fünf nach. Nicht nur, daß er der fünfte Papst seines Namens war, er sagte auch voraus, daß er nur fünf Jahre regieren würde, und tatsächlich dauerte sein Pontifikat von 1585 bis 1590. In dieser Zeit ließ er fünf monumentale Springbrunnen bauen und fünf Obelisken errichten. Er hinterließ fünf Millionen Skudi in seinem berühmten Schatz in der Engelsburg und fünftausend Maß Korn in den öffentlichen Kornkammern. Die Müller mußten übrigens auf sein Gebot hin immer mit genau fünf Mauleseln nach Rom kommen. Das Originelle dabei ist, daß sich dieses Gebot beim Volk über die Jahrhunderte hinweg erhielt, und nach dem Bericht eines zuverlässigen Zeugen transportierten die Müller noch um die Mitte des 19. Jahrhunderts brav ihr Mehl auf fünf Tragtiere verteilt nach Rom.

PETERSPLATZ

Der Obelisk auf dem Petersplatz, der zweitgrößte in Rom, stammt zwar aus Ägypten, doch nicht aus der Zeit der Pharaonen. Ihn haben erst römische Steinmetzen aus dem Fels geschnitten. Nach Angabe des Plinius brachte ihn das größte Schiff der Antike, von dem wir Kunde haben, nach Rom. Immerhin wog der Koloß vierhundertvierzig Tonnen, dazu kamen noch vier riesige Granitblöcke, um ihn zu halten, und 2 880 000 Pfund ägyptische Linsen als Ballast. Plinius erzählt, daß diese Linsen in Rom reißenden Absatz fanden, weil sie weit größer und besser waren als die italienischen.

Von Ostia, dem Hafen Roms, aus wurde der Obelisk dann bis zum Mons Vaticanus transportiert und hier unter Neros Nachfolger, dem Kaiser Domitian, im Circus des Nero aufgestellt. Sein ursprünglicher Standort ist noch heute auf der Piazza Circo Nerone durch eine im Pflaster eingelassene Marmorplatte gekennzeichnet.

Hier stand er mehr als eineinhalb Jahrtausende bis zum 30. April 1586. Dann gab Papst Sixtus V., der, wie wir noch an anderer Stelle hören werden, in Obelisken geradezu vernarrt war, den Befehl, die riesige Sonnennadel in die Mitte des neuen Petersplatzes zu rücken. Michelangelo erklärte den Plan rundweg für undurchführbar, ein anderer Architekt erbat sich ein

Jahr Bedenkzeit, bevor er an das Werk herangehen wollte. Schließlich wurden doch sieben Projekte eingereicht, aus denen der Papst den Plan des dreiundvierzigjährigen Domenico Fontana auswählte. Allerdings zögerte Sixtus V. nicht, dem Baumeister, als er ihm vor Beginn des Werkes seinen Segen erteilte, gleichzeitig zu erklären, er würde ihm bei einem Mißerfolg den Kopf abschlagen lassen. Fontana kannte Sixtus nur zu genau, als daß er an diesen Worten gezweifelt hätte. Deshalb ließ er während der ganzen Arbeit an allen Toren Roms ein gesatteltes Pferd in Bereitschaft halten, um möglichst rasch flüchten zu können, wenn der Plan mißlingen sollte. Darüber hinaus befahl der Papst, daß jeder, der die Arbeiten durch einen Zuruf oder auch nur durch ein laut gesprochenes Wort störe, dem Tod verfalle.

Über die folgenden Ereignisse gibt es zwei Versionen. Die eine, volkstümliche, erzählt alles erst von den Aufstellungsarbeiten, die andere, sachlich besser fundierte, berichtet, daß sich der berühmte Zwischenfall bereits beim Niederlegen des Obelisken ereignete. Wir folgen dieser zweiten Version.

Viele Tausende von Menschen warteten am 30. April, um das große Werk der Niederlegung mitzuerleben. Der Papst hatte vor Beginn der Arbeiten mehrere Messen in der Peterskirche lesen lassen und beobachtete selbst mit seinem Hofstaat von einer Tribüne aus das Geschehen. Rings umher herrschte tiefe Stille, denn niemand wagte es, dem päpstlichen Befehl zuwiderzuhandeln. Fontana gab seine Befehle, die Kräne begannen zu knarren, und die armdicken Seile spannten sich bis zum Zerreißen. Langsam, Stück für Stück, senkte sich der Koloß. Plötzlich neigte er sich zur Seite, und schon drohte das ganze Werk zusammenzubrechen, als aus der Menge ein Schrei ertönte: „Aqua alle corde! Wasser auf die Seile!“ Es war ein einfacher Seemann, der aus seiner Erfahrung wußte, daß durch das Anfeuchten der Seile eine neue Spannung entstand, die das Umkippen des Obelisken verhindern konnte.

Die Wachen ergriffen den Mann und führten ihn vor den Papst, wo er sich niederwarf und rechtfertigte. Sixtus erkannte sofort das große Verdienst des Matrosen und ließ ihn nicht nur frei, sondern erlaubte ihm auch, sich eine Gnade auszubitten. Der Glückliche bat den Papst nur, er möge ihm und seinen Nachkommen für alle Zeit das Privileg der Belieferung der Peterskirche mit Palmenzweigen zum Palmsonntag erteilen. So geschah es, und dieses Privileg besitzt die Familie bis auf den heutigen Tag.

Als der Obelisk glücklich am Boden lag, brauchte man immerhin noch mehr als einen Monat, um ihn die achthundertdreiundsechzig Fuß weit zu seinem neuen Platz zu rollen. Inzwischen war es Sommer geworden, und man verschob das Aufstellen auf den Herbst. Erst am 10. September, vor Tagesanbruch, wurde das gefährliche Werk erneut in Angriff genommen. Wieder umsäumten viele Tausende in atemlosem Schweigen den Platz. Jetzt aber ereignete sich kein Zwischenfall mehr, und innerhalb eines Tages gelang es Fontana, die riesige Steinnadel wieder aufzurichten.

So ganz nebenbei brachte diese Arbeit auch das Ende einer Legende, die sich mehr als eineinhalb Jahrtausende gehalten hatte. Man glaubte nämlich, daß in der vergoldeten Kugel auf der Spitze des Obelisken die Asche Julius Caesars eingeschlossen wäre.

Fontana untersuchte aber die Kugel ganz genau und mußte feststellen, daß sie überhaupt nicht hohl war.

Die Aufstellung des Obelisken kostete achtunddreißigtausend Scudi, das entspricht der ungeheuren Summe von hundertneunzigtausend Goldmark.

ENGELSBURG

Auf der höchsten Plattform der Engelsburg steht ein Bronzeengel; er hat den Marmorengel Guglielmo della Portas abgelöst, den man heute noch im Cortile dell'Angelo bewundern kann und der mehr als zweihundert Jahre die Burg als ihr Wahrzeichen schmückte. Er stellt den heiligen Erzengel Michael dar und erinnert an eine schwere Seuche in Rom.

Die Legende berichtet, daß Papst Gregor der Große im Jahre 590 drei Tage lang mit den verängstigten Bürgern durch die Straßen der Stadt zog und Gott um ein Ende der Heimsuchung anflehte. Gerade als die Prozession die Tiberbrücke überquert hatte, wandte sich der Papst um zum Hadriansgrabmal und erblickte oben den Erzengel, der sein flammendes Schwert in die Scheide zurückstieß. Da wußte Gregor, daß Gottes Zorn besänftigt war, und er ließ in den Kirchen der Stadt Dankgebete anstimmen. Das Grabmal aber erhielt bald danach zum Gedenken an diese Stunde die erste Engelsfigur und wurde seitdem auch Engelsburg genannt.

Jahrhundertelang diente die Engelsburg nicht nur als letzte Zufluchtsstätte für die Päpste, wenn die Stadt Rom von Feinden belagert oder gar erobert wurde, sondern zugleich auch als päpstliches Gefängnis. Über die dort Gefangenen gibt es manche interessante Anekdote. So gelang es einmal einem, mit Hilfe einer gewagten List der unmittelbar bevorstehenden Hinrichtung zu entgehen und dem Gefängnis zu entkommen. Es war der junge Ranuccio Farnese, der einzige Sohn und Erbe des Herzogs von Parma. Er hatte das Unglück gehabt, daß ihm ausgerechnet bei einer Abschiedsaudienz vor Papst Sixtus V. eine geladene Pistole, die er vor der Abreise gedankenlos zu sich gesteckt hatte, aus dem Wams fiel. Vom Papst waren aber kurz zuvor besonders strenge Gesetze gegen das unbefugte Tragen von Waffen erlassen worden. Jeder, der es wagen würde, dieses Verbot zu übertreten, sollte mit dem Tod bestraft werden.

Sixtus ließ sofort den jungen Prinzen, der überzeugt war, von der päpstlichen Justiz nichts befürchten zu müssen, verhaften und in die Engelsburg bringen. Die Nachricht von dem Vorfall verbreitete sich rasch in der Stadt, und Kardinal Farnese, der Onkel des Prinzen, eilte in den Vatikan, wo er den Papst um Gnade für den Neffen anflehen wollte. Sixtus jedoch blieb unerbittlich, er empfing den Kardinal gar nicht und befahl, Ranuccio auf den Tod vorzubereiten und um ein Uhr nachts in der Engelsburg hinrichten zu lassen.

Doch hatte der Papst nicht mit der Findigkeit des Kardinals gerechnet, der einen letzten verzweifelten Versuch unternahm, um das Leben des Neffen zu retten: Er ließ durch seine zahlreichen Freunde und Untergebenen um Mitternacht alle öffentlichen Uhren in

Rom anhalten; nur die Uhr im Privatzimmer des Papstes lief weiter. Kurz nach ein Uhr bat er nochmals bei Sixtus um eine Audienz, fiel ihm zu Füßen und erklärte, nicht eher aufstehen zu wollen, bis der Papst den Prinzen begnadigt hätte.

Sixtus, überzeugt davon, daß sein Befehl längst ausgeführt sei, gab dem Kardinal das so dringend geforderte Begnadigungsschreiben. Dieser eilte in die Engelsburg, wo der Gouverneur tatsächlich noch auf das Schlagen der ersten Stunde nach Mitternacht gewartet hatte. Der Prinz wurde freigelassen und konnte noch in der gleichen Nacht aus dem Kirchenstaat entkommen.

Zu den Gefangenen, die aus der Engelsburg fliehen konnten, gehört auch Papst Paul III. (Farnese). Er war als junger Mann eingesperrt worden, weil er als päpstlicher Beamter ein Breve verfälscht hatte. Papst Alexander VI. ließ ihn ziemlich lange sitzen und wollte sogar seine Hinrichtung verfügen. Als der junge Farnese davon erfuhr, bestach er einige Wachen, die ihn am hellen Tag, gerade zu der Zeit, als der Papst an der Fronleichnamsprozession teilnahm, in einem Korb an der Mauer hinunterließen. Er wurde von einem Freund erwartet und rasch aus der Stadt weggebracht.

Wesentlich schwerer hatte es ein anderer Gefangener, der Goldschmied Benvenuto Cellini, der in seiner Lebensbeschreibung, die bekanntlich Goethe ins Deutsche übersetzte, die Geschichte seiner Flucht erzählt. Benvenuto, ein rechter Raufbold, war

›nte Fiorentini (Ausschnitt). Wir blicken vom rechten Tiberufer aus auf die Kirche ›n Giovanni dei Fiorentini und einen Pfeiler der Hängebrücke, die 1863 unter ›ius IX. an der Stelle des heutigen Ponte Principe Amadeo di Savoia Aosta erbaut und ›41 abgerissen wurde.

Die Fontana del Mascherone (Maskenbrunnen) an der Via Giulia (Ausschnitt). Di Via Giulia, die von dem Ponte Sisto ausgehend parallel zum linken Tiberufer läuft, war im 16. und 17. Jh. eine Hauptstraße Roms, hatte im 19. aber ihre Bedeutung ver loren. Der 1626 errichtete Brunnen (benannt nach einer großen antiken Marmor maske) stand ursprünglich frei, wurde aber 1903 in die Wand eingemauert. Heut noch sprudelt das Wasser der Acqua Paola aus dem Mund der Maske.

nach seiner eigenen Aussage völlig schuldlos in die Engelsburg gebracht worden. Da man ihn in nicht allzu strenger Haft hielt, konnte er sich seine Wäsche von draußen bringen lassen, und dabei gelang es ihm, einige Bettücher zurückzuhalten, zu zerschneiden und Stricke daraus zu drehen. In mühsamer Arbeit löste er dann die Nägel seiner Tür und ersetzte sie durch geschickte Attrappen. Dann wartete er eine für ihn günstige Nacht ab, als der Schloßhauptmann unter einem Anfall von Geisteskrankheit litt, öffnete seine Tür und stieg auf das Dach hinauf. Von da aus ließ er sich in den Innenhof des Kastells hinunter. Gerade als er Anstalten machte, den zweiten Teil seines Seiles an die Zinnen der Außenmauer zu binden, kam einer der wachhabenden Posten vorbei. Als der aber sah, daß Cellini ihn mit seinem Messer angreifen wollte, tat er so, als hätte er nichts bemerkt, und zog sich rasch zu einer ruhigeren Stelle seines Wachbereichs zurück.

Nun stand für den Goldschmied der Weg in die Freiheit offen. Allerdings mußte er noch einen teuren Preis dafür bezahlen, denn das Seil reichte in der Länge nicht aus und Cellini stürzte mehrere Meter tief auf das Straßenpflaster. Mit schweren Prellungen und einem gebrochenen Fuß blieb er liegen. Ein zufällig vorbeikommender Wasserhändler transportierte ihn auf seinem Esel in die Wohnung eines Kardinals, den Cellini gut kannte. Allerdings freute sich der Künstler nicht allzu lange seiner Freiheit, denn auf Befehl des Papstes mußte er wieder ausgeliefert werden und nochmals einige Wochen in der Engelsburg im Gefängnis sitzen.

Nur die wenigsten Besucher der Engelsburg wissen, daß hier auch einer der merkwürdigsten Abenteurer des 18. Jahrhunderts, Joseph Balsamo, der sich selbst Graf Cagliostro nannte, als Gefangener auf seine Verurteilung harrte. Nach der berüchtigten Halsbandaffäre in Paris, die ihm ein Jahr Haft in der Bastille und die Ausweisung aus Frankreich eingebracht hatte, war er 1786 in Rom aufgetaucht. Mit immerhin erstaunlichem Mut, oder vielleicht auch nur mit einer tüchtigen Portion Frechheit, wagte er es, gleichsam in der Höhle des Löwen, in der Hauptstadt des Kirchenstaates, seine Betrügereien und magischen Gaukelstücke aufzuführen, ja selbst eine Freimaurerloge zu gründen. In seinem Haus verkehrten nicht nur die römischen Adeligen, sondern auch einige Kardinäle.

Cagliostro überschätzte jedoch seine Fähigkeiten wie die Unterstützung seiner Gönner. Auf Beschluß des Heiligen Offiziums wurde er nämlich am 27. Oktober 1789 verhaftet und zusammen mit seiner Frau sogleich in die Engelsburg eingeliefert. Selbst hier, wo er unaufhörlich verhört wurde und mit schlimmster Strafe rechnen mußte, fiel der Scharlatan nicht aus seiner Rolle. So erklärte er seinen Wächtern, daß er ruhig in die Zukunft sähe, denn am Karfreitag würde der Teufel alle Wärter vernichten und ihn selbst befreien. Als an diesem Tag tatsächlich ein Unwetter über Rom hereinbrach, liefen die tapferen Soldaten davon und waren nicht zur Rückkehr zu bewegen, ehe nicht ein Priester den Teufel wegexorziert hatte.

Cagliostro konnte sich weitere Stücklein nicht mehr leisten. Am 7. April 1791 verurteilte ihn das Gericht wegen Ketzerei, Magie und wegen Gründung von Freimaurergesellschaften zum Tod. Der Papst wandelte das Urteil in lebenslängliche Haft um, und Cagliostro wurde von der Engelsburg in die Festung San Leo bei Urbino überführt, wo er fünf Jahre später den Tod fand. Seine Bücher, Papiere und Freimaurerzeichen verbrannte der Henker von Rom öffentlich auf der Piazza di Minerva. Es ist übrigens ein merkwürdiger Zufall, daß Goethe sich nicht nur mit Cellini beschäftigte, sondern auch mit diesem Gefangenen der Engelsburg, der im Mittelpunkt seines weniger bekannten Schauspiels „Der Großkophta" steht.

ENGELSBRÜCKE

Wenn sich heute am Ostersonntag die Menschenmassen auf dem Weg zum Petersplatz drängen, um dort den päpstlichen Segen zu empfangen, wenn die übervollen Autobusse daherrollen und die Autos ihre Hupkonzerte veranstalten, weil sie kaum im Schrittempo vorwärtskommen, denkt mancher Besucher wohl unwillkürlich an vergangene Zeiten, da der Pilgerstrom noch nicht diese beängstigenden Ausmaße angenommen haben mochte.

Leider gilt aber auch hier der Ausspruch, daß alles schon einmal dagewesen ist. Nach Aussage eines Chronisten war nämlich im Jubiläumsjahr 1450 am 19. Dezember das Gedränge der Pilgerscharen auf dem Weg nach Sankt Peter so stark, daß auf der Engelsbrücke die Geländer brachen, zahlreiche Pilger in den Tiber stürzten und dort ertranken.

Es war übrigens nicht das einzige Mal, daß die Eröffnung des Heiligen Jahres zu schweren Unfällen führte. Als am 23. Dezember 1575 Papst Gregor XIII. in der Peterskirche die feierliche Öffnung der Porta Santa vornahm, drängten die Pilger ohne Rücksicht auf die heilige Stätte und die Anwesenheit des Papstes mit solchem Ungestüm vorwärts zu den Stein- und Mörtelhaufen der geöffneten Pforte, um dort ein Andenken zu erjagen, daß sechs Menschen erdrückt wurden.

OSPEDALE SANTO SPIRITO

Eine originelle Sehenswürdigkeit Roms ist leider – oder soll man sagen: glücklicherweise? – nicht für den allgemeinen Besucherstrom zugänglich. Sie befindet sich in einem alten Gebäude neben dem Ospedale Santo Spirito in Sassia, jenem uralten angelsächsischen Hospital, das auf eine Gründung des Königs Ina von Sussex aus dem Jahre 727 zurückgeht.

Von der schönen dreifachen Loggetta dieses Gebäudes aus wurde am 2. Sonntag nach Epiphanie das Schweißtuch der Veronika dem Volk zur feierlichen Verehrung gezeigt. Den Raum hinter den drei Bogen der Loggia hat ein Klosterbruder auf eine recht wunderlich skurrile Art ausgemalt. Staunend sieht sich der Besucher in den Innenraum einer römischen, aus Ziegeln gemauerten Ruine versetzt, mit zahlreichen teils heidnischen, teils christlichen Symbolen. Der gute Maler muß ein ziemlicher Weiberfeind gewesen sein, denn in einer gemalten Seitennische trägt der Sockel einer Venusstatue folgende Unterschrift:

„Femina nulla bona est et si bona contigit
Nescio quo fato res mala facta bona.
Gut ist niemals ein Weib – und wenn eines jemals so ausfiel,
weißt du, nach welchem Gesetz je etwas Schlimmeres ward gut?“

Und darunter ist in Kursivschrift ein empfehlender Hinweis hinzugesetzt:

„Qual sia tal fato vedi d’incontro!
Willst du sehen, was das bedeutet, schau dich um!“

In der gegenüberliegenden Nische steht dann die Figur einer Minerva ohne Kopf und darunter die Erklärung:

„La savia donna è questa
Brami saper perché?
Mirale: è senza testa.
Dies ist das kluge Weib.
Du fragst warum?
Schau her: ohne Kopf ist der Leib.“

SANT’ONOFRIO

Auf der Straße, die vom Tiber zum Janiculus hinaufführt, liegen Kloster und Kirche von Sant’ Onofrio. Die Kirche birgt die Gräber zweier italienischer Dichter. Eines ist das des Torquato Tasso, der uns Deutschen weniger durch seine Verse als vielmehr durch Goethes Schauspiel bekannt wurde, und der hier die letzten Jahre seines Lebens in verzweifelten Klagen verträumte. Er starb fünf Tage vor seinem langersehnten größten Triumph, der Dichterkrönung auf dem Kapitol.

Das zweite Grab gehört Alessandro Guidi aus Pavia, der buchstäblich an einem Druckfehler starb. Er war 1683 völlig mittellos nach Rom gekommen, wo ihn die ehemalige schwedische Königin Christine unter die Schar ihrer Schützlinge aufnahm. Guidi war ungemein empfindsam, und, ähnlich wie Tasso, leicht reizbar. Er übertrug sechs lateinische Homilien von Papst Klemens XI. in italienische Verse. Sie sollten mit Unterstützung von Königin Christine in einer Prachtausgabe herauskommen, deren Druck der Dichter selbst überwachte. Das erste Exemplar wollte er persönlich dem Papst überreichen, doch auf der Fahrt von Rom nach Frascati, wo sich Klemens XI. gerade aufhielt, entdeckte Guidi einen Druckfehler und nahm sich das so zu Herzen, daß ihn der Schlag traf.

VILLA SCIARRA

Dort, wo sich heute der schöne Park der Villa Sciarra auf dem Janiculus erstreckt, lagen einst im Altertum der heilige Hain und der Tempel der Nymphe Furrina. Hier fand im Jahre 121 v. Chr. Gajus Gracchus den Tod. Er hatte die radikale Politik seines ermordeten Bruders Tiberius fortgeführt, und als ihn der Senat zur Rechenschaft vorlud und er ein gleiches Schicksal befürchten mußte wie sein Bruder, verschanzte er sich mit seinen Anhängern im Tempel der Diana auf dem Aventin. Von da flüchtete er in den Tempel der Minerva und dann nach dem Heiligtum der Luna. Dort sprang er aus dem Fenster und verrenkte sich dabei den Knöchel, versuchte aber, unter Aufbietung aller Kräfte über den Tiber zu flüchten. Seine Freunde deckten ihm den Fluchtweg mit ihrem Leben. Gajus erreichte glücklich den heiligen Hain, hier aber konnte er nicht mehr weiter und ließ sich von seinem Sklaven Philokrates die Kehle durchschneiden. Von da an galt der Ort bei den Römern als unheilvoll, sie mieden ihn, und schon in der Kaiserzeit verfiel der Tempel. Erst 1906 wurde er durch einen Zufall beim Bau eines kleinen Wächterhauses wiederentdeckt.

SANTA CECILIA IN TRASTEVERE

Die Kirche Santa Cecilia in Trastevere wurde, wie die Überlieferung erzählt, über dem Haus der heiligen Cäcilie errichtet. Der Legende nach soll Cäcilie, die heute als Schutzheilige der Musik gilt, die Orgel erfunden haben, weil sie den herrlichen himmlischen Klängen Ausdruck geben wollte, die ihr Ohr vernahm. Noch kann man in der Kirche die Grundmauern jenes Dampfbades sehen, in das die Verfolger die Heilige einsperrten, damit sie dort den Erstickungstod stürbe. Sie aber ging unversehrt aus dem Raum hervor. Daraufhin ließ ihr Richter den Henker rufen, der sie enthaupten sollte. Nach römischem Recht jedoch war das bei einer Frau verboten, und so verletzte sie der Henker nur tödlich mit drei Schlägen auf Hals und Nacken.

Ihr Grab in der Kallixtus-Katakombe geriet in Vergessenheit. Erst ein halbes Jahrtausend später, im Jahre 817, befahl Papst Paschalis I., nach dem Grab zu forschen, doch niemand konnte es finden. Eines Nachts aber erschien die Heilige dem Papst im Traum und sagte ihm, er sei bei der Suche nach dem Grab ihr so nahe gewesen, daß sie mit ihm hätte sprechen können. Paschalis ließ die Suche wieder aufnehmen und entdeckte tatsächlich das Grab. Als man den Zypressensarg öffnete, erblickte man den völlig unverwesten Leichnam der Heiligen, die nun aus den Katakomben in die ihr geweihte Kirche nach Trastevere übergeführt wurde.

Noch einmal, im Jahre 1599, wurde der Sarg geöffnet. Ehrfürchtig staunend sahen Kardinal Sfondrati und sein Gefolge die Heilige noch unversehrt ruhen, aber nicht auf dem Rücken, sondern wie schlafend auf der rechten Seite. Der Kardinal gab sogleich dem Bildhauer Stefano Maderna den Auftrag, die Heilige in Marmor darzustellen. Der Künstler schuf das Werk, das heute unter dem Hochaltar der Kirche seinen Platz gefunden hat, während eine Kopie das ursprüngliche Grab der Heiligen in den Katakomben schmückt. Unter die Statue aber setzte Maderna die Worte: „Seht hier den Körper der allerheiligsten Jungfrau Cäcilia, die ich selbst unversehrt in ihrem Grab liegen sah. In diesem Marmor hier habe ich euch ein Bildnis der Heiligen in genau der gleichen Stellung gemacht, in der ich sie sah."

SANTA MARIA IN TRASTEVERE

Santa Maria in Trastevere ist die erste Kirche Roms, die der Madonna geweiht wurde. Papst Calixtus I. hatte sie im Jahre 222 an einem Ort erbaut, an dem sich im Jahre 38 vor Christi Geburt ein Wunder ereignete. Damals stand an der Stelle der heutigen Kirche die „Taberna Meritoria", ein Hospiz für ausgediente oder invalide, verdienstvolle alte Soldaten. Eines Tages entsprang in diesem Hospiz eine Ölquelle. Zur Verwunderung der Römer lief das Öl den ganzen Tag wie ein kleiner Bach und verschaffte sich Abfluß in den Tiber.

Nun wohnten damals zahlreiche Juden in Trastevere, die sich bei der Nachricht von dem Wunder sogleich auf die Worte der Genesis beriefen und den Vorfall als ein Symbol für die Ausbreitung des Gotteswortes auf Erden deuteten. Es ist nicht verwunderlich, daß die Stätte der „Taberna Meritoria" auch für die Christen ein Ort der Verehrung wurde. Unter Kaiser Alexander Severus beabsichtigte ein Wirt, dort eine Schenke zu errichten, zugleich aber bewarben sich auch die Christen um die Stätte. Alexander, obwohl Heide, entschied, es wäre besser, daß in der „Taberna Meritoria" Gott verehrt würde, gleichviel wie, als daß man sie den Schenkwirten überlassen sollte.

Die links von der Apsis gelegene Cappella Altems erinnert übrigens daran, daß Santa Maria in Trastevere einst die Titelkirche des Kardinals Marcus Sitticus von Hohenems (italienisch Altems) war, der als Fürst-Erzbischof von Salzburg das bekannte Schloß Hellbrunn mit seinen Wasserspielen erbaute.

Neben der unsterblichen Liebesgeschichte von Amor und Psyche malte Raffael im Gartensaal der Farnesina eine Galatea. Sebastiano Luciani del Piombo schuf daneben den Polyphem, der mit seinen Liedern die schöne Meernymphe zu rühren sucht. Eines Tages kam Michelangelo in die Villa. Als er niemanden antraf, betrachtete er die Malereien im Gartensaal, stieg schließlich auf das Gerüst hinauf, ergriff einen Pinsel und malte in einer leeren Lünette mitten in die bunte Pracht hinein einen monochromen überlebensgroßen Satyrkopf. Niemand weiß, was den Künstler zu dieser Tat bewogen haben mag, aber die Fama berichtet, er, dem man den Vorwurf machte, weniger farbig zu malen als Raffael, wollte angeblich beweisen, daß man auch ohne Farben eine große Wirkung erzielen könnte. Noch heute blickt der Satyr mit seinen traurigen Augen auf die Nymphe herab als Beweis für das große Können Michelangelos.

Papst Leo X. (Medici, 1513–1521), der fröhliche Feste und eine gute Tafel zu schätzen wußte, besuchte einmal den Fürsten Agostino Chigi in der Farnesina. Raffael hatte dafür extra eine Loggia im Garten errichtet, der damals noch bis an den Tiber reichte. Hier speiste die Gesellschaft an der reich besetzten Tafel von goldenem Geschirr. Nach der Mahlzeit aber warfen die Diener das ganze kostbare Service einfach in den Tiber. Die Kunde von dieser Verschwendung sprach sich bald in ganz Rom herum.

Doch die Taucher, deren jugendliche Nachfahren heute ihr Glück in der Fontana Trevi suchen und die Münzen der Fremden herausfischen, dürften damals bei der Suche nach den goldenen Tellern im Tiber das Nachsehen gehabt haben: Auf Befehl des klugen und sparsamen Fürsten waren Netze im Fluß aufgespannt worden, die das Geschirr auffingen.

PORTA SETTIMIANA

Neben der Porta Settimiana, dem schönen, von Papst Alexander VI. errichteten Tor in Trastevere, steht ein recht wackeliges Haus mit einer kleinen, aber ungemein reizvollen Trattoria im Untergeschoß. Es ist die „Casa della Fornarina", das Haus der schönen Bäckerstochter. Zu ihr entbrannte Raffael in solcher Liebe, daß seine ganze Arbeit darunter litt. Da er damals gerade für den Fürsten Agostino Chigi dessen reizende Villa ausmalte, die heute unter dem Namen Farnesina bekannt ist, blieb dem Fürsten nichts anderes übrig, als einige Kavaliere seines Gefolges auszuschicken mit dem Auftrag, die Schöne an den Arbeitsplatz Raffaels zu bringen. Daß dem Künstler die Malerei dann erst so recht von der Hand gegangen ist, beweist der Freskenzyklus von Amor und Psyche, heute noch das Entzücken aller Besucher der Farnesina.

SAN PAOLO FUORI LE MURA

Im Gegensatz zu Sankt Peter ist die Paulskirche in ihrer heutigen Form erst gut hundert Jahre alt. Die prachtvolle alte Basilika, die mehr als eineinhalb Jahrtausende überdauert hatte, wurde in einer heißen Sommernacht, am 11. Juli 1823, ein Raub der Flammen. Handwerker, die mit der Ausbesserung des Daches beschäftigt waren, hatten dort oben eine Pfanne mit Kohlen stehen lassen, in der Meinung, das Feuer darin wäre erloschen. Doch der Nachtwind entfachte die unter der Asche glimmende Glut, und das durch die Sommerhitze ausgetrocknete Dachgebälk bot jedem Funken reiche Nahrung.

Landleute bemerkten den Brand und alarmierten die Patres des anliegenden Klosters. Aber der zur Stadt gesandte Bote mußte an der verschlossenen Porta San Paolo erst einmal die Wache alarmieren und dann noch eine halbe Stunde bis zur nächsten Feuerwache eilen. Kein Wunder, daß jede Hilfe zu spät kam und die Kirche bis auf die Mauern ausbrannte. Nur die Umgebung der Confessio, der gotische Altar und der berühmte Osterleuchter blieben von den Flammen verschont.

Papst Pius VII., der als Benediktinermönch einst dem Kloster bei San Paolo angehört hatte, lag zur gleichen Stunde auf dem Sterbebett, und seine Umgebung verheimlichte ihm das Unglück. Er hat den Untergang der von ihm geliebten Basilika nie erfahren.

ABBAZIA DELLE TRE FONTANE

Nur eine gute Viertelstunde von der Kirche San Paolo entfernt liegt an der Via Ostiense die Abtei „Zu den drei Quellen". Sie verdankt ihren Namen einer Legende vom Tod des Apostels Paulus, der an diesem Platz hingerichtet worden sein soll. Das abgeschlagene Haupt des Apostels berührte im Herabfallen an drei Stellen den Boden, bevor es zur Ruhe kam. Sogleich, so erzählt die Überlieferung, entsprangen an diesen Stellen drei Quellen, von denen die erste warm, die zweite lauwarm, die dritte kalt war. An diesem Platz wurden eine Abtei und drei Kirchen errichtet. Die eigentliche Quellfassung in der Kirche San Paolo alle Tre Fontane ist mit Flachreliefs aus Marmor geschmückt, die dreimal das Haupt des Apostels in den drei Phasen der Erstarrung vom schmerzverzerrten bis zum erlöst-friedlichen Ausdruck zeigen. An die antike Säule zwischen dem ersten und dem zweiten Altar soll der Apostel gebunden gewesen sein. In der dritten Kirche Santa Maria Scala Coeli findet sich gleich neben dem Hauptaltar eine enge, feuchte Höhle, in der Paulus die letzten Stunden seiner Gefangenschaft verbracht haben soll.

CESTIUS-PYRAMIDE

Nahe der Porta Paolo steht eine Pyramide, die sich ein gewisser Gajus Cestius, der zur Zeit des Kaisers Augustus lebte, als Grabmal errichten ließ. Der unbefangene Besucher vermutet in ihm eine bedeutende Persönlichkeit, deren Andenken besonders geehrt werden sollte. Doch nichts von dem, Cestius war nur sehr reich; so reich, daß er genug Geld hinterließ, damit seine Erben das stattliche, siebenunddreißig Meter hohe Monument errichten konnten, dessen Bau in genau dreihundertdreißig Tagen vollendet sein sollte. Den zweiten Wunsch, seine kostbaren Goldbrokatstoffe und Gewänder mit ihm zu begraben, konnte man ihm nicht erfüllen, da die kaiserlichen Beamten eine solche Verschwendung verboten.

Wie die Inschrift auf der Pyramide besagt, gehörte Cestius zu seinen Lebzeiten einem der angesehensten Priesterkollegien Roms an, bekleidete er doch das Amt eines der sieben Epulonen. Diese Priester richteten vor der Jupiterstatue im Tempel auf dem Kapitol üppige Gastmähler aus, aber nur sie selbst durften an den Banketten teilnehmen. Auf diese Weise hofften sie den Gott bei guter Laune zu halten und ihn damit für das Wohl der Nation günstig zu beeinflussen. So erinnert dieses Denkmal des Todes an lebensnahe Feste, wie sie der ja heute noch auf Tafelfreuden so erpichte Römer ungemein liebt.

Auf dem Aventin, nahe der Stelle, wo der junge Kaiser Otto III. residierte, steht die Kirche Sant' Alessio, die einem der Schutzheiligen der Stadt Rom geweiht ist. Der junge Alexius gehörte einer vornehmen römischen Familie an, ließ aber die Eltern, die Braut, Geld und Ehren zurück und ging um das Jahr 364 allein nach Edessa in Syrien, wo in einer Kirche ein wunderbares uraltes Madonnenbild verehrt wurde. Siebzehn Jahre lebte er dort als Bettler im Hof dieser Kirche, da hob das Bild zu sprechen an und sagte zu den Torhütern: „Laßt den Gottesmann eintreten, er ist des Himmelreiches würdig!" Die Männer fanden Alexius, der bald eine solche Verehrung erfuhr, daß er Edessa verließ und in die Heimat zurückkehrte.

In Rom angekommen, traf er auf der Straße seinen Vater, der ihn aber nicht erkannte, und er bat diesen um eine Herberge. Er durfte in einem Verschlag unter der Treppe des väterlichen Hauses schlafen und sich von den Resten der Tafel ernähren. So lebte Alexius weitere siebzehn Jahre. Am Tag aber, als er zum Sterben kam, begannen in Rom die Glocken der Kirche von selbst zu läuten, und Papst Innozenz I. vernahm eine Stimme, die ihm befahl, sich zum Aventin in das Haus des Eufemianus zu begeben, wo ein Heiliger im Sterben läge.

Da gingen der Papst und die Kaiser Arcadius und Honorius eilends zu dem genannten Haus, fanden aber nur noch den toten Alexius in seinem Verschlag, der ein Blatt in den Händen hielt, auf dem er sich als des Eufemianus Sohn zu erkennen gab. Die Leiche wurde unter großen Ehren vom ganzen Volk zur Kirche des heiligen Bonifatius gebracht und hier beigesetzt. Später erhielt diese Kirche dann den Namen des neuen Heiligen. 997 kam das Madonnenbild aus Edessa durch Pilger ebenfalls in diese Kirche, die auch heute noch die hölzerne Treppe birgt, unter der Alexius damals siebzehn Jahre lang unerkannt gelebt hatte.

SAN GREGORIO

Die Kirche San Gregorio Magno an der Via di S. Gregorio geht zurück auf Papst Gregor I. selbst. Er ließ sein Vaterhaus in ein Kloster umwandeln und weihte das zugehörige Oratorium dem heiligen Andreas. Wenn auch die Kirche im Barock völlig umgebaut wurde, so sind doch auf dem alten Friedhof noch drei Kapellen erhalten, von denen die mittlere, Sant'Andrea, vielleicht das Oratorium des heiligen Gregor selbst ist, und in der zur Linken, Santa Barbara, steht noch jener große steinerne Tisch, an dem der Heilige die Armen zu bewirten und selbst zu bedienen pflegte. Eines Tages ließ Gregor, als er schon Papst war, zwölf Pilger zu Tisch laden, doch als er sie bewirten wollte, waren es dreizehn Gäste. Da rief der Papst seinen Hausverwalter und sprach: „Ich gebot dir, zwölf arme Menschen zu laden, warum hast du ihrer dreizehn hergebracht?"

Der Verwalter zählte die Geladenen, sah aber nur zwölf und sprach: „Glaubet mir, Heiliger Vater, es sind ihrer nicht mehr denn zwölf!"

›r in der „Mura onoriane“ an der Via Giulia (Ausschnitt). Die Überreste der sog. Eh-
ınmauer sind heute abgerissen.

Der sogenannte Torre della Scimmia am Vicolo di Scimmia bei der Via Giulia.

Doch Gregor bemerkte, daß einer unter ihnen weilte, dessen Angesicht sich wandelte. Er war eine Weile jung und schön und danach wieder alt und ehrfurchtgebietend anzusehen. Nach Ende der Mahlzeit nahm Gregor den Mann mit sich und beschwor ihn bei Gott, daß er sagen sollte, wer er sei. Jener aber antwortete: „Erinnerst du dich noch? Als du hier deinem Kloster vorstandest, kam einst ein Schiffbrüchiger zu dir und bat dich weinend um eine Gabe. Du reichtest ihm sechs Silberlinge. Am folgenden Tag aber kam der Schiffbrüchige wieder und bat erneut um eine Gabe, und wieder schenktest du ihm sechs Silberlinge. Als er am darauffolgenden Tage zum dritten Male mit der gleichen Bitte an dich herantrat, meldete dein Schaffner, daß kein Geld mehr im Kloster sei. Du aber reichtest dem Armen das letzte wertvolle Stück, das du besaßest, nämlich eine silberne Schüssel, in der dir deine Mutter das Essen gesandt hatte. Nun, ich war jener Schiffbrüchige, und wisse, daß vom selben Tage an, da du mir das gabst, der Herr dich zum Haupt seiner Kirche ausersah und zum Nachfolger des heiligen Petrus."

Gregor wunderte sich und fragte: „Woher willst du wissen, daß mich der Herr damals zum Papst ausersah?"

Jener antwortete: „Ich bin seiner Engel einer, und der Herr sendet mich jetzt zu dir, daß ich hinfort dein Hüter sei; alles, worum du mich bittest, das magst du durch mich von ihm erlangen." Mit diesen Worten aber war er seinen Blicken entschwunden.

CARACALLA-THERMEN

In den Caracalla-Thermen fand man jenes hochberühmte Werk, das heute im Nationalmuseum in Neapel steht, den sogenannten „Farnesischen Herkules", eine Kolossalfigur von über fünf Meter Höhe. Das heißt, eigentlich fanden die Ausgräber nur den Rumpf und die Füße, aber sie hatten unwahrscheinliches Glück, denn einige Zeit danach entdeckten sie in einem Brunnen in Trastevere das Haupt. Wie es ausgerechnet dorthin, auf die andere Seite des Tibers, gekommen sein mag, weiß niemand. Nun fehlten nur noch die Beine von den Knien bis zu den Knöcheln, und sie tauchten auf einem Bauernhof der Familie Borghese in den Frattocchie auf. Leider brachte es aber die Familie Borghese nicht über sich, diese Beine auch auszuliefern, und so stand nun der gute Herkules im Palazzo Farnese auf falschen Beinen, während die echten in der Villa Borghese auf ihren richtigen Körper warteten.

Schließlich entschloß sich aber doch ein Prinz Borghese, die Beinstümpfe dem bourbonischen König von Neapel zu schenken, dem der Palazzo Farnese und der dort ausgestellte Herkules gehörten. Der König ließ die Statue nun vollständig wiederherstellen, dann aber in sein neu gegründetes Museum nach Neapel bringen. Einer der letzten, der den Herkules noch in Rom sah, war Goethe. Er schrieb in sein Tagebuch: „Der Herkules Farnese ist fort, ich habe ihn noch auf seinen echten Beinen gesehen, die man ihm nach so langer Zeit wieder gab."

PALATIN

Wer heute von der Via San Gregorio aus zum Palatin hinaufsteigt, gelangt zuerst zu der Stelle, wo der Palast des Kaisers Domitian gestanden hat. Nur ein paar Ruinen, die keinen rechten Eindruck mehr vermitteln, zeugen von der einstigen Pracht. Hier residierte Domitian, der Sohn Vespasians und Bruder des Titus, das schwarze Schaf der Familie sozusagen, denn im Gegensatz zu dem tüchtigen und beim Volk beliebten Vater und Bruder zeichnete er sich durch Grausamkeit und Härte aus. Die Römer haßten und fürchteten ihn zugleich. Sie hatten auch allen Grund dafür.

Eines Tages lud Domitian die vornehmsten Bürger, Beamte, Adelige und Senatoren in seinen Palast. Die Gäste wurden in ein schwarz ausgeschlagenes Gemach geführt und mußten zu ihrem Entsetzen feststellen, daß neben jedem Platz ein mit dem Namen des Betreffenden beschrifteter Grabstein stand. Sie kannten Domitians Launen nur zu genau und glaubten jeden Augenblick damit rechnen zu müssen, dem Henker überliefert zu werden. Der Kaiser ließ den Eingeschüchterten nur Totenkuchen servieren, und während sie an ihren Bissen würgten, unterhielt er sie mit Geschichten von Mord und Tod. Zu ihrem Erstaunen wurden sie aber nach dem makabren Gastmahl wieder entlassen, ja sogar vom Kaiser noch beschenkt.

Da nicht alle „Scherze“ Domitians so harmlos verliefen und seine Regierung immer mehr Entsetzen und Furcht verbreitete, wurde es den Römern schließlich zuviel. Sein Hofastrologe mußte mit gar keiner besonderen Weissagekraft begabt sein, als er ihm den baldigen Tod voraussagte. Domitian aber erkundigte sich sogleich, ob jener auch sein eigenes Ende voraussagen könnte. Der Wahrsager erklärte, sein Leib werde bald von den Hunden zerrissen werden. Da grinste der Kaiser und befahl, ihn hinzurichten und den Toten sorgfältig zu verbrennen. Doch ein Sturm stürzte den Scheiterhaufen um, und der halbverbrannte Leib wurde von streunenden Hunden zerrissen. Nun war Domitian sicher, daß auch sein Ende unmittelbar bevorstand, und er wagte sich kaum mehr aus dem Palast hinaus. Tatsächlich ermordete ihn ein Freigelassener einige Tage später in seinem Schlafzimmer.

Die prächtigen Wandmalereien im Haus der Livia auf dem Palatin dürfen nicht darüber hinwegtäuschen, daß Livia, die Gattin des Kaiser Augustus, eine sehr bescheidene Frau war, ja in ihrer ganzen Lebenshaltung als ein wenig altmodisch galt. Zu Lebzeiten des Kaisers widmete sie sich in echt altrömischer Art ganz der Verwaltung des Haushaltes und des großen kaiserlichen Vermögens. Als Augustus, der sich immer wieder bemühte, das römische Familienleben zu erneuern und dem zunehmenden Luxus entgegenzutreten, einmal im Senat die Mahnung aussprach, jeder einzelne müsse in seinem Hause dem Luxus entgegenwirken, so wie er es auch bei seiner Frau tue, erzielte er mit diesem Hinweis einen großen Heiterkeitserfolg, da alle wußten, wie überflüssig eine solche Mahnung bei der bescheidenen Kaiserin war.

Dort, wo heute auf dem Forum drei graziöse Säulen als letzte Zeugen des Castor-und-Pollux-Tempels in den Himmel ragen, soll einmal ein Drache gehaust haben, der mit seinem Gifthauch die Luft verpestete und den Menschen den Tod brachte. Endlich wagte sich Papst Silvester I. ganz allein, nur mit einem Kruzifix und einem Seidenfaden bewaffnet, an die Stelle, wo der Drache lag. Beim Anblick des Kreuzes blieb das Untier wie gelähmt liegen, und Silvester konnte es mit seinem Faden fesseln und dann töten lassen. Unter den drei Säulen wurde der riesige Leib begraben. Der Papst aber ließ an dieser Stelle zum Dank für die Errettung vor dem Ungeheuer die Kirche Santa Maria Liberatrice – Maria, die Befreierin – erbauen. Als das Forum wieder ausgegraben wurde, riß man auch diese Kirche ab und entdeckte darunter die versumpfte Juturna-Quelle. Sie mochte eine Brutstätte der Mücken gewesen sein, die die Malaria übertrugen und dadurch den Menschen den Tod brachten, und damit die Ursache auch für die Sage von der verpesteten Luft.

Ungefähr in der Mitte des Forums, östlich der Phokassäule, liegt ein dreieckiger Platz mit einer runden Brunneneinfassung aus grauem Tuffstein, dem Lacus Curtius. Von dieser Stelle erzählt eine alte römische Sage, eines Tages hätte sich hier auf dem Forum eine tiefe Kluft aufgetan. Die verängstigten Bürger schütteten Wagenladung um Wagenladung voll Erde in die Tiefe, konnten aber den Schlund nicht ausfüllen. Schließlich wandten sie sich an die Orakelpriester und erhielten die Antwort: „Will Rom sich vor dem Untergang schützen, dann muß es das Kostbarste, was es besitzt, dem Schlund opfern."

Natürlich begann sogleich ein großes Rätselraten, aber weder die Senatoren noch die Priester konnten eine annehmbare Lösung unterbreiten. Da trat eines Tages ein Jüngling namens Marcus Curtius vor die Väter hin und sprach: „Was kann es Kostbareres geben als die römische Tapferkeit?" Dann weihte er sich, sein Roß und seine Waffen den Göttern, legte seine kostbare Rüstung an, spornte sein Pferd und stürzte sich mit ihm in den gähnenden Krater. Ein Schrei des Entsetzens gellte über das Forum, dann aber drängten die Menschen heran und warfen Blumen in die Tiefe. Da hörte man plötzlich ein Brausen und Rauschen, und schließlich konnten die Bürger sehen, wie sich der Schlund mit Wasser zu füllen begann. Langsam stieg es höher, zugleich aber verengte sich auch die riesige Kluft, und als das Wasser die Erdoberfläche erreicht hatte, blieb nur ein Becken übrig, nicht größer als ein Brunnen, das zur Erinnerung an jenen tapferen Jüngling „Lacus Curtius" genannt wurde.

SANTA MARIA NUOVA

An den Aufenthalt des heiligen Petrus in Rom erinnern nicht nur der Mamertinische Kerker oder das Haus des Pudens, von denen noch die Rede sein wird. In Santa Maria Nuova, jener Kirche, die in den Tempel der Venus und Roma auf dem Forum hineingebaut ist und nach ihrer Erneuerung im 15. Jahrhundert den Namen Santa Francesca Romana erhielt, sind in der Nähe des Altars zwei Basaltblöcke eingemauert. Auf ihnen knieten die Apostel Petrus und Paulus, als sie von Gott die Bestrafung des Simon Magus erflehten. Noch kann man die Abdrücke ihrer Knie in dem Stein erkennen.

Jener Simon war den Aposteln nach Rom gefolgt und hatte mit der ihm vom Teufel verliehenen Zauberkunst zahlreiche Wunder gewirkt und so die junge Christengemeinde und manche Zweifler in Verwirrung gestürzt. Schließlich erklärte er dem Kaiser Nero sogar, er werde von der Erde wegfliegen. Vor dem Kaiser und dem versammelten Volk stieg er auf einen hohen Turm und hob sich in die Lüfte. Die Legende hat das Zwiegespräch der Apostel sehr hübsch überliefert:

Paulus sprach zu Petrus: „Ich will beten, du aber sollst gebieten."

Und Kaiser Nero: „Dieser Mensch (Simon) hat die Wahrheit gesagt, ihr beide aber seid Betrüger."

Dann sprach Petrus: „Paule, hebe dein Haupt auf und schau!"

Als Paulus den Zauberer tatsächlich fliegen sah, riet er Petrus, den Herrn anzurufen, und dieser rief: „Ich beschwöre euch, ihr Engel des Satans, die ihr ihn in der Luft traget, bei unserem Herrn Jeso Christo: Lasset ihn fallen!"

Alsbald stürzte Simon herab und zerschmetterte am Boden. Nero aber, so berichtet die Legende weiter, habe die Apostel gefangennehmen lassen, weil sie den Frevelflug des Magiers unterbrachen.

PALAZZO GRILLO

In unmittelbarer Nachbarschaft des Augustus-Forums liegt die Piazza del Grillo mit dem alten Palazzo gleichen Namens, der sich sein ehrwürdiges Aussehen bis zum heutigen Tag erhalten hat. Einer seiner Besitzer muß es einst recht toll getrieben haben, denn über seine Streiche lachte ganz Rom, und noch heute kursieren so viele Geschichtchen über ihn, daß man wohl ein ganzes Buch darüber schreiben könnte. Einer der bekanntesten hat der italienische Diplomat und Schriftsteller Daniele Varé in seinem reizvollen Buch „Die Schatten der Spanischen Treppe" erzählt, das wie kaum ein anderes Werk den Geist Roms und römischen Lebens, vor allem vor dem Ersten Weltkrieg, einfängt.

So hörte der Papst einmal, als er beim Mittagsmahl saß, die Glocke einer benachbarten Kirche in tiefen Schlägen wie zu einem Begräbnis ertönen. Eine andere Glocke fiel in den schwermütigen Klang ein, dann noch eine und noch eine, bis alle Glocken Roms, selbst die von Sankt Peter, erklangen wie für eine dahingeschiedene Seele. Nun war aber eine solche Einstimmigkeit der Glocken nur zu erreichen, wenn der

Blick auf den Tiber nahe dem Ponte Sisto (Ausschnitt). Der Blick geht tiberaufwärts, links Trastevere, im Hintergrund die Kuppel der Peterskirche.

Der Brunnen am Ponte Sisto. Das Bild zeigt den von Fontana 1613 geschaffenen Brunnen noch in seiner ursprünglichen Lage am linken Ende der Brücke. Hier wurde er 1879 abgerissen und 1898 am rechten Brückenende in Trastevere wieder aufgebaut.

Heilige Vater selbst gestorben war. So war es erklärlich, daß im Vatikan große Aufregung entstand und von allen Teilen der Ewigen Stadt dringende ängstliche Anfragen kamen.

Ein Bote wurde zu den nächstliegenden Kirchen gesandt. „Für wen läuten die Glocken?" fragte er. „Wer ist gestorben?"

Aber niemand wußte es. Der Auftrag, die Totenglocke zu läuten, war in jedem einzelnen Falle vom Marchese del Grillo gekommen, jedoch ohne jede nähere Erklärung. Der Marchese wurde geholt, und der entrüstete Papst fragte, was er diesmal wieder angestellt habe.

Der keineswegs reumütige Marchese geruhte, eine Erklärung abzugeben.

„Heiliger Vater", sagte er, „ich habe gerade einen Prozeß gewonnen."

„Nun, und?"

„Mein Gegner war ein sehr armer Mann, und obwohl es stimmt, daß ich ihm Geld schuldete, dessen Zahlung ich verweigerte, konnte er die Gerichtskosten nicht aufbringen ..."

„Immerhin hätte er doch einen Anwalt finden können."

„Das tat er auch. Aber ich gab eine Menge Geld aus, um die Richter zu bestechen, und obwohl ich vollständig und offensichtlich im Unrecht war, gewann ich den Prozeß."

„Und würden Sie mir nun wohl sagen, was dies mit dem Läuten der Kirchenglocken zu tun hat?"

„Davon wollte ich gerade sprechen. Da ich meinen Prozeß gewonnen habe, obwohl mein armer Gläubiger im Recht war, so folgt daraus, daß im Kirchenstaat die Gerechtigkeit tot sein muß. Und sicherlich ist Gerechtigkeit nicht weniger wert, betrauert zu werden, als ein Papst! Deshalb habe ich für das Läuten der Kirchenglocken in Rom bezahlt!"

Ein anderes Stücklein leistete sich der Marchese del Grillo mit einem römischen Juden. Er schloß mit diesem einen notariell beglaubigten Vertrag ab, in dem er ihm das gesamte Hausgerät seines Palastes zu dem unwahrscheinlich niedrigen Preis von einem Bajocco pro Stück verkaufte.

Nun muß man wissen, daß der Bajocco, die kleinste Kupfermünze des Kirchenstaates, etwa einem Wert von fünf Pfennigen entsprach. Kein Wunder also, daß der jüdische Händler bei der Bestandsaufnahme glaubte, ein besonders gutes Geschäft gemacht zu haben. Bis zum Schluß – da wurden ihm sechs Kisten übergeben, die drei Millionen Nadeln enthielten.

KOLOSSEUM

Zu den wohl letzten Opfern des Kolosseums gehört der griechische Mönch Telemachos. Er wagte es, zur Regierungszeit des Kaisers Honorius, also immerhin schon zu Beginn des 5. Jahrhunderts nach Christus, während der Gladiatorenkämpfe in die Arena des Kolosseums einzudringen und mit lauter Stimme scharf gegen die Grausamkeit dieser Kämpfe zu protestieren, in denen Sklaven und eigens dafür ausgebildete Gladiatoren miteinander kämpfen und sich gegenseitig umbringen mußten. Die vergnügungssüchtigen Römer, die diese Unterhaltung nun schon seit Jahrhunderten gewohnt waren, lynchten den kühnen Prediger. Kaiser Honorius aber verbot daraufhin zwar die Gladiatorenkämpfe, an Tierhetzen aber, die nicht weniger blutig verliefen, durfte sich das römische Publikum noch hundert Jahre länger ergötzen.

Wenn auch die Tierhetzen im Kolosseum allgemein im 7. Jahrhundert abgeschafft wurden, so fand ein letztes derartiges Schauspiel doch noch einmal im Jahre 1332 statt. Zwei Jahrzehnte zuvor hatte Kaiser Heinrich VII. die kriegerischen römischen Barone gezwungen, ihre Befestigungen in den Ruinen aufzugeben und diese dem Schutz des römischen Senats überantwortet.

Nun kam der Senat auf den merkwürdigen Gedanken, wohl in Erinnerung an die einstige Größe, dort einen Stierkampf abzuhalten. Ausrufer luden in Rom und den anderen italienischen Städten die jungen Adeligen ein, sich bei diesem Kampf Lorbeeren zu holen. Da fast sämtliche Sitzplätze eingestürzt waren, errichtete man Logen und Sitzreihen aus Holz. Die Damen der römischen Gesellschaft erschienen fast vollzählig, die jungen Herren traten in prächtigen Kleidern auf. So trug Caffarelli, fast noch ein Knabe, ein löwenfarbiges Gewand und am Helm die Devise: „Wer ist stärker als ich?“ Etwas weniger zuversichtlich schien ein gleichaltriger Genosse, dessen Wahlspruch lautete: „Wenn ich im Blut ertränkt sterbe, o süßer Tod!“ Während der Wahlspruch eines Dritten behauptete: „Wer sich für die Liebe einsetzt, wird verrückt“, stand auf dem Schild des ganz in düsteres

Blick vom nordwestlichen Abhang des Palatins auf Kolosseum und Konstantinsbogen. Das Erdgeschoß des Kolosseums steckt teilweise noch im

Schutt, auch die unter Pius VII. zu Beginn des 19. Jh. an der linken Umfassungsmauer angebaute mächtige Strebemauer fehlt noch.

Grau gekleideten jungen Colonna: „Melancholisch, aber stark“.

Leider hatten sich die jungen Herren aber nur auf die Ausstattung, nicht jedoch auf den Kampf selbst vorbereitet. Voll jugendlichen Übermuts traten sie den wütenden Stieren entgegen. Die Folgen waren furchtbar. Achtzehn der jungen Männer starben, neun wurden schwer verletzt. Nach diesem Mißerfolg verzichteten die Römer endgültig auf weitere Tierhetzen im Kolosseum.

Seine letzten Schäden erlitt das Kolosseum am 2. Februar 1703, als ein schweres Erdbeben die Stadt Rom erschütterte. Papst Klemens XI. nahm gerade an der üblichen Kerzenweihe zu Mariä Lichtmeß in der Sixtinischen Kapelle teil, als die Erdstöße unerwartet heftig einsetzten, so daß alle Anwesenden die Flucht ergriffen. Nur der Papst selbst bewahrte die Ruhe und warf sich an den Stufen des Altars zum Gebet nieder.

In der Peterskirche schwankten die Säulen des Tabernakels, und von der Kuppel brökelte der Mörtel herab. Zahlreiche Kirchen zeigten Risse, am schwersten aber wurde das Kolosseum betroffen, wo gleich drei Bogen des zweiten Ringes einstürzten.

Die verängstigten Römer wurden von einem Schrecken in den anderen gejagt, denn am Abend des gleichen Tages verbreitete Gesindel – wohl in der Hoffnung, bei einem Durcheinander leicht Beute machen zu können – das Gerücht, in zwei Stunden würde die Stadt Rom untergehen. Zwar stand ja noch das Kolosseum, aber wer dachte schon an jene berühmte Prophezeiung des Beda Venerabilis:

„Quamdiu stabit Coliseus, stabit et Roma;
quando cadet Coliseus, cadet et Roma;
quando cadet et Roma, cadet et Mundus.
Solange das Kolosseum steht, wird Rom stehen;
wenn das Kolosseum fällt, wird Rom fallen;
und mit Rom fällt die Welt."

Panik erfaßte die Bevölkerung, viele bekannten auf offener Straße ihre Sünden, andere betranken sich, wieder andere erwarteten betend die letzte Stunde. Der Papst versuchte vergeblich, die aufgeregten Römer zu beruhigen. Er konnte nur Maßnahmen ergreifen, um wenigstens ihr Eigentum vor Dieben und Plünderern zu schützen. Erst als die Nacht ohne die befürchtete Vernichtung der Stadt vorübergegangen war, beruhigte sich die Menge.

Wie wir schon hörten, verwendete man für den Bau des Palazzo Farnese auch Steine aus antiken Bauwerken, die rücksichtslos geplündert wurden. So bat Kardinal Alessandro Farnese den Papst, ihm zu erlauben, von den abgefallenen Steinen des Kolosseums einen Teil für den Bau wegzuholen. Paul III. gab zwar seine Genehmigung, schränkte sie aber dahingehend ein, daß er dem Kardinal nur so viel zu nehmen gestattete, wie er in einer Nacht wegschaffen könnte. Der Kardinal mietete daraufhin alle schnell verfügbaren Fuhrwerke aus Rom und der Umgebung – es sollen über hundert gewesen sein – und ließ tatsächlich in einer Nacht so viele Steine zum Bauplatz fahren, daß er für die ganze weitere Arbeit keine mehr benötigte.

Das Kreuz, das heute am Rand der Arena des Kolosseums steht, einst aber im Mittelpunkt des Baues aufragte, zur Erinnerung an die Christen, die hier ihr Leben für ihren Glauben hingaben, wurde einem der bedeutendsten deutschsprachigen Dichter fast zum Verhängnis. Franz Grillparzer besuchte 1809 Rom, und voll Begeisterung für die antiken Bauwerke verfaßte er ein Gedicht über das Forum, das weniger durch seine dichterische Aussagekraft besticht, als vielmehr durch sein naives Pathos noch ein wenig rührt. In diesem Gedicht nun heißt es:

„Kolosseum, Riesenschatten
Von der Vorwelt Machtkoloß!
Liegst du da in Tods-Ermatten,
Selber noch im Sterben groß.
Und damit verhöhnt, zerschlagen,
Du den Martyrtod erwarbst,
Mußtest du das Kreuz noch tragen,
An dem, Herrlicher, du starbst.

Tut es weg, dies heil'ge Zeichen,
Alle Welt gehört ja dir;
Überall, nur bei diesen Leichen,
Übrall stehe – nur nicht hier!
Wenn ein Stamm sich losgerissen,
Und den Vater mir erschlug,
Soll ich wohl das Werkzeug küssen –
Wenn's auch Gottes Zeichen trug?

Kolosseum – die dich bauten,
die sich freuten um dich her,
Sprachen in bekannten Lauten,
Dich verstanden – sind nicht mehr.
Deine Größe ist gefallen,

Und die Großen sind's mit ihr;
Eingestürzt sind deine Hallen,
Eingebrochen deine Zier."

Das bayerische Königshaus nahm diese Verse merkwürdigerweise ernster, als sie es überhaupt verdienen, und beschwerte sich beim Kaiserhaus in Wien über den kleinen Staatsbeamten, der es gewagt hatte, solche Zeilen zu schreiben. Grillparzers Beamtenkarriere litt daraufhin erheblich. Und wahrscheinlich hat der Dichter, wenn er bei einer Beförderung übergangen wurde, auch gelegentlich an das Kolosseum denken müssen!

DAS GOLDENE HAUS

Zu den interessanten, aber merkwürdigerweise von den Fremden nur wenig besuchten Bauwerken des alten Roms gehört das „Goldene Haus", das sich Kaiser Nero erbauen ließ. Noch heute ist der Besucher beeindruckt von der Größe des Baues. Antike Schriftsteller berichten geradezu Wunderdinge davon. So hatte die Säulenhalle allein eine Länge von rund fünfzehnhundert Metern, das Vestibül war so groß, daß die fünfunddreißig Meter hohe Statue Neros darin aufgestellt werden konnte. Diese Kolossalstatue fand übrigens später ihren Platz neben dem neuerbauten Amphitheater des Vespasian, das daraufhin im Volksmund nur noch kurz „Kolosseum" genannt wurde.

Im Innern des Goldenen Hauses befand sich ein

Teich, der von Gebäuden umgeben war, die verschiedene Städte darstellen sollten. Dazu kamen Ländereien, Kornfelder wechselten mit Weingärten, Viehweiden mit Wäldern ab, in denen sogar zahme und wilde Tiere umherliefen. Die Speisezimmer hatten bewegliche Decken aus Elfenbein, aus denen man Blumen auf die Gäste herabstreuen konnte. Auch waren Röhren eingebaut, die wohlriechendes Wasser zerstäubten. Der runde Hauptspeisesaal sollte die Welt darstellen und drehte sich Tag und Nacht. Die Bäder wurden mit Meerwasser oder mit Wasser aus der Albulaquelle gespeist, das in fünfundzwanzig Kilometer langen Rohrleitungen herbeigeführt wurde. Bei der Einweihung des Palastes bemerkte Nero zufrieden: „Jetzt endlich fange ich an, wie ein Mensch zu wohnen."

SAN PIETRO IN VINCOLI

Der Moses in San Pietro in Vincoli ist nicht nur eines der schönsten Werke Michelangelos, sondern zugleich auch das tragische Zeugnis eines gewaltigen Planes, der nie zur Ausführung gelangte. Vierzig Jahre lang hat der Künstler an dem Grabmal für Papst Julius II. gearbeitet, oder – genauer gesagt – wurde er abgehalten, daran zu arbeiten! Und mit Recht nennt ein bedeutender Kunsthistoriker das ganze Unternehmen „Die Tragödie eines Grabmals".

Bereits 1505 erhielt der erst dreißigjährige Michelangelo von Papst Julius II. den Auftrag, innerhalb von fünf Jahren ein gewaltiges Grabmal mit vierzig großen Marmorstatuen für ihn zu schaffen. Aber der Plan stand von Anfang an unter einem Unstern. Zuerst mußte der Künstler schon ein Jahr lang auf den Marmor warten, dann lagen die Blöcke auf dem Petersplatz, und Michelangelo durfte nicht daran arbeiten, weil er vom Papst den Befehl erhalten hatte, die Sixtinische Kapelle auszumalen. Schließlich flüchtete der Künstler aus Rom, wurde aber sogleich von Julius II. zurückbeordert. „Mit einem Strick um den Hals" ging er wieder nach Rom, wo er vier Jahre an den Fresken der Sixtina-Decke arbeitete.

Nach ihrer Beendigung hoffte er, wieder an dem Grabmal arbeiten zu können. Da aber starb der Papst. Unter dem Nachfolger konnte er zwischen 1513 und 1516 endlich den Moses schaffen. Dann kamen wieder andere Arbeiten dazwischen. Immer aber sah Michelangelo sein Werk vor Augen und klagte: „Hätte ich lieber in meiner Jugend Schwefelhölzer machen gelernt ... Ich will nicht länger unter dieser Last leben ... An dieses Grabmal gekettet, habe ich meine ganze Jugend vergeudet."

Von dem ursprünglich so grandiosen Plan von vierzig Figuren ging man immer weiter herunter, bis schließlich nur noch drei übrigblieben. Zu dem Moses hatte Michelangelo erst zwei Sklaven geschaffen, die aber nicht mehr in den Rahmen paßten, und so nahm er nur noch die zwei weiblichen Statuen in Angriff, die heute noch zu beiden Seiten des Moses stehen. 1545 erst wurden sie aufgestellt, nicht einmal in Sankt Peter, wie ursprünglich vorgesehen, sondern in San Pietro in Vincoli. Und doch ist auch dieser zusammengestoppelte Rest einer großen Idee noch eines der schönsten Denkmäler, das man in Rom findet.

Aus dem Moses spricht ein unbändiges Leben, und

Die Piazza di S. Giovanni in Laterano (Lateransplatz). Der Platz ist noch ungepflastert, in der Mitte der 1588 wiederaufgestellte Obelisk, rechts das im 18. Jh. noch freistehende Baptisterium. Die Häuser am linken Bildrand

mußten dem Bau des Ospedale di SS. Salvatore weichen. Im Vordergrund zwei an ihren Wanderstäben erkenntliche Pilger.

auf dem Knie zeugt noch eine Schramme davon, daß Michelangelo selbst, als er sein fertiges Werk betrachtete, angeblich mit dem Hammer auf das Knie schlug und ausrief: „So rede doch!"

Als besondere Reliquie bewahrt die Kirche die Ketten auf, mit denen der Heilige Petrus gefesselt war. Der Legende Aurea zufolge setzt sie sich aus zwei verschiedenen Ketten zusammen. Mit der einen war Petrus in Jerusalem gefesselt, mit der anderen in Rom. Als Kaiserin Eudoxia die eine Kette aus Jerusalem mitbrachte und Papst Pelagius sie an die andere legte, fügten sich die beiden Teile ganz von allein zu einer einzigen Kette zusammen, die man heute noch verehrt.

MADONNA DEI MONTI

Die Kirche Madonna dei Monti in der Via dei Serpenti bewahrt ein wundertätiges Marienbild, das besonders im 16. Jahrhundert hoch verehrt wurde. Es kann auf eine recht bewegte Vergangenheit zurückblicken. Ursprünglich am Hause der Attavanti angebracht, war es so in Vergessenheit geraten, daß es durch das auf der Straße aufgeschichtete Heu verdeckt wurde. Da gewann eine erblindete Frau durch ein Gebet vor diesem verachteten Madonnenbild ihr Augenlicht wieder, und wie nicht anders zu erwarten, sprach sich das Wunder in Rom sehr rasch herum. Als bald danach in der Stadt eine schwere Seuche ausbrach, angeblich starben im Laufe von zwei Monaten zehntausend Menschen, erhofften die Römer ihr Heil allein von dieser Madonna dei Monti.

Ihr Ruhm verbreitete sich bald so, daß der Papst eine besondere Kommission einsetzte, um die Wunder aufzuzeichnen. Schließlich beschloß man sogar, das Bild in eine Kirche zu übertragen. Da die päpstlichen Beamten mit dem Widerstand der Bevölkerung des Viertels dei Monti rechneten, schlichen sich nachts zwei Geistliche, mehrere Maurer und Soldaten vor das Haus Attavanti, um das Bild zu stehlen. Glücklicherweise merkte es einer der Nachbarn und begann aus Leibeskräften zu schreien: „Sie rauben die Madonna, zu Hilfe!"

Der Schrei brachte die Bevölkerung des ganzen Viertels auf die Beine, man bewarf die Räuber mit Steinen, die zwei Geistlichen retteten sich durch die Flucht, zwei Maurer wurden verwundet. Nun konnte man natürlich nicht mehr an eine Überführung der Madonna denken, und der Papst beschloß, an jener Stelle eine Kirche zu errichten und sie den Katechumenen zu weihen, damit sie den ihnen anvertrauten Schatz wahren konnten. Noch heute wird das wundertätige Madonnenbild in dieser Kirche verehrt.

SAN GIOVANNI IN LATERANO

Achtundzwanzig Päpste wurden während des Mittelalters in der Laterankirche beigesetzt, aber nur wenige Gräber sind auch heute noch erhalten, so das von Papst Silvester II., dem ersten Franzosen auf dem

Stuhl Petri. Er regierte von 999 bis 1003 und war einer der gelehrtesten Männer seiner Zeit. Bei den Arabern und Juden von Cordoba in Spanien hatte er studiert und dann die arabischen Ziffern in Italien eingeführt. Er besaß eine Dampforgel und eine mechanische Uhr, und wenn er nachts von einem Turm des Lateranpalastes den Lauf der Gestirne beobachtete, dann raunten die Römer, er hätte ein Bündnis mit dem Teufel abgeschlossen und wäre ein Zauberer. Kein Wunder, daß der Volksmund die merkwürdigsten Geschichten und Märchen von ihm erzählte, die dann sogar in Romanen des Mittelalters Eingang fanden.

So soll Silvester eines Tages ein Standbild entdeckt haben, auf dessen Haupt die Worte standen: „Schlag hier zu!" Ein paar Dumme hatten in der Hoffnung, einen Schatz zu finden, das Standbild schon mit Hämmern und Beilen bearbeitet, aber nichts gefunden. Silvester jedoch markierte die Stelle, auf die zur Mittagszeit der Schatten des ausgestreckten Fingers fiel. In der Nacht kehrte er dann, nur begleitet von einem Diener, der eine Laterne trug, wieder zu dem Standbild zurück. Er sprach eine Beschwörungsformel, und tatsächlich öffnete sich vor ihnen an der markierten Stelle die Erde und zeigte den Anfang eines Ganges. Als ihn die beiden Männer durchschritten hatten, gelangten sie in einen Palast aus schimmerndem Gold. Ein König und eine Königin aus Gold saßen auf einem goldenen Thron, goldene Soldaten spielten mit goldenen Würfeln, und von der Decke verbreitete ein riesiger Karfunkelstein strahlendes Licht. In einer Ecke aber stand ein goldener Bogenschütze, der mit seinem Pfeil auf den Karfunkel zielte.

Der Papst wagte nicht, etwas anzurühren, sein Die-

ie Kirche Santa Maria in Monticelli. Die Kirche in der gleichnamigen Straße nahe n Tiber beim Lungotevere dei Vallati stammt wahrscheinlich schon aus dem 7. Jh., urde aber im 17. Jh. umgestaltet. Der mittelalterliche Glockenturm ist gegenüber sei-r ursprünglichen Form um zwei Stockwerke gekürzt.

Mittelalterliche Ruinen an der Tiberinsel (Ausschnitt).

ner jedoch griff nach einem goldenen Messer. In diesem Augenblick schoß der goldene Bogenschütze seinen Pfeil auf den Karfunkel ab, das Licht erlosch, und der Saal lag in undurchdringlicher Finsternis. Der Diener warf das Messer weg, und voll panischer Angst flohen die beiden Schatzsucher durch den Gang zurück an die Erdoberfläche.

Solche und ähnliche Geschichten kursierten über Papst Silvester in Rom. Doch nicht genug damit, man gönnte ihm auch nach dem Tod noch keine Ruhe, sondern behauptete, immer wenn ein Papst sterben müßte, klapperten seine Gebeine in der Gruft im Lateran.

1648 wurde das Grab geöffnet, und für einen Augenblick war der Leichnam mit über der Brust gefalteten Händen zu sehen. Doch im nächsten Moment zerfiel er zu Staub. Ein silbernes Kreuz und ein Siegelring waren alles, was übrigblieb.

SCALA SANTA

Die „Heilige Treppe“ in unmittelbarer Nachbarschaft der Lateran-Basilika soll der Legende nach aus dem Palast des Pilatus stammen, und über sie mußte Christus nach seiner Geißelung schreiten. Sie wurde von der Heiligen Helena, der Mutter Kaiser Konstantins, nach Rom gebracht und ist heute mit einem Holzmantel verkleidet, aber durch Löcher kann man auf den originalen Steinstufen darunter angeblich immer noch das Blut des Erlösers sehen. Sie darf deshalb auch nicht betreten, sondern nur betend auf Knien begangen werden. Sie war aber nicht die einzige „Heilige Treppe“ in Rom; denn die findigen Römer hatten sich auch noch einige andere für verschiedene Aufgaben ausgesucht. Wer sich einen Lotteriegewinn erbat, mußte die Treppe von Ara Coeli (s. d.) auf den Knien emporklimmen, was schon recht umständlich und unbequem war. Noch schwieriger aber hatten es Frauen, die von den brutalen Mißhandlungen ihrer Gatten – und am besten gleich von ihnen selbst – erlöst werden wollten; denn sie mußten gleich einige hundert Meter von der Kirche Santa Pudenziana über die Piazza dell'Esquilino auf den Knien bis zum Tor von Santa Maria Maggiore hinaufwallfahrten, aber ein möglicher Erfolg rechtfertigte schließlich diesen anstrengenden Einsatz. Auch für ganz eilige Angelegenheiten hatten die Römer gesorgt, dann mußte man nämlich nur die etwas kürzere und flachere Treppe von San Michele e Magno benutzen.

SANTA PRASSEDE

Zwei der ältesten Kirchen Roms sind Zwillingsschwestern geweiht, der heiligen Pudenziana und der heiligen Praxedis, den Töchtern des Pudens, der, wie die Legende erzählt, den Aposteln Petrus und Paulus bei ihrem Romaufenthalt Gastfreundschaft gewährte und von ihnen zum Christentum bekehrt wurde. Paulus hat ihn im zweiten Brief an Timotheus erwähnt. Bei Ausschachtungsarbeiten unter der Kirche Santa Pudenziana stieß man 1870 auf die Überreste eines römischen Hauses aus dem ersten nachchristlichen Jahrhundert, und wenn man es natürlich auch nicht mit Sicherheit sagen kann, so besteht doch durchaus die Möglichkeit, daß es sich um jenes Haus handelt, in dem die Apostel gastliche Aufnahme fanden.

Die zweite Kirche, Santa Prassede, birgt in einer Nische an der rechten Seite die Bruchstücke der Säule, an der, wie ebenfalls die Legende berichtet, Christus gegeißelt worden sein soll.

Kardinal Giovanni Colonna, der im Auftrag des Papstes Honorius III. (1216–1227) als Gesandter nach Konstantinopel gegangen war, soll an einem Zug gegen die Türken teilgenommen haben. Dabei geriet er in Gefangenschaft, doch als die Ungläubigen sich anschickten, ihn zu foltern, übergoß ein himmlischer Strahl sein Antlitz mit solcher Glorie, daß die Heiden mit der Marter aufhörten und ihn als einen besonderen Liebling des Himmels sogar freigaben. In Konstantinopel erhielt der Kardinal dann als Belohnung für seine Verdienste um den Glauben die Säule, die er 1233 im Triumph nach Rom führte und in Santa Prassede aufstellte.

SANTA MARIA MAGGIORE

Wie bei so manchen Kirchen Roms ist auch die Entstehung von Santa Maria Maggiore an ein Wunder geknüpft. In der Nacht vom 5. auf den 6. August des Jahres 360 erschien dem römischen Patrizier Johannes und zugleich auch dem Papst Liberius die Madonna im Traum und befahl ihnen, dort eine Kirche zu erbauen, wo sie am nächsten Morgen Schnee finden würden. Wer einmal die Hochsommertage in Rom verbracht hat, wird den beiden nachfühlen können, wie unmöglich ihnen diese Forderung erschien. Das Wunder aber geschah: Am Morgen des 6. August lag auf dem Esquilin eine Schneedecke. An dieser Stelle ließ Johannes nach Plänen des Papstes eine Kirche erbauen, die sich zur größten Marienkirche Roms entwickelte.

In Santa Maria Maggiore erinnert ein Grabmal an der linken Wand der Taufkapelle mit dem Bildnis eines Negers an Antonio Nigrita, den Gesandten des Königs vom Kongo. Der schwarze Potentat hatte zu Beginn des 17. Jahrhunderts das Christentum angenommen und schickte 1604 eine Gesandtschaft an Papst Paul V., um ihn als geistliches Oberhaupt anzuerkennen und gleichzeitig um Missionare zu erbitten.

Der arme Gesandte wurde aber vom Unglück verfolgt: Zuerst geriet er mit seinem Gefolge in einen schweren Sturm, dann fiel er Seeräubern in die Hände, die ihn nackt aussetzten. Schließlich nahm ihn ein Schiff mit nach Lissabon, von da aus schlug er sich zusammen mit seinem einzigen noch verbliebenen Gefährten, seinem Neffen, bis Madrid durch. Dort mußte er, da er kein Geld mehr besaß, drei Jahre lang warten, bis er sich dem Gefolge des Kardinals Mellini anschließen konnte, der auf dem Weg nach Rom war. Unterwegs starb noch sein Neffe, und schließlich kam Nigrita selbst todkrank gegen Ende des Jahres 1607 nach Civitavecchia.

Jetzt schien sich sein Los zu wandeln. Der Papst

schickte ihm seinen eigenen Bruder und seinen Neffen, den Kardinal Scipio, entgegen, und Nigrita wurde mit großem Gepränge nach Rom geleitet. Es war aber zu spät. Der unglückliche Gesandte aus dem Kongo starb am Vorabend des Tages, an dem er feierlich vom Papst empfangen werden sollte. Paul V. teilte die Trauerkunde persönlich in einem Handschreiben dem König vom Kongo mit und ließ Nigrita in Santa Maria Maggiore ein Grabmal errichten.

Als im Jahre 1629 eine zweite Gesandtschaft aus dem Kongo, diesmal wohlbehalten, nach Rom gelangte, wurde die Inschrift auf dem Grabstein von Papst Urban VIII. geändert, um der neuen Gesandtschaft zu zeigen, wie gerade er das Andenken an den unglücklichen Antonio Nigrita bewahrte.

VICUS SCELERATUS

Die schmale Rampe oberhalb der Via Cavour bei San Francesco di Paola, die in halber Höhe der Treppe an der Häuserfront entlang führt, folgt dem alten Vicus Sceleratus, einem von schwerem Verbrechen befleckten Weg.

Der König Servius Tullius, von dem gerade im Zusammenhang mit der Servianischen Mauer die Rede war, hatte seine beiden Töchter mit den Söhnen seines Vorgängers auf dem Thron vermählt. Zum Unglück aber war die älteste Tochter, die wilde Tullia, mit dem ruhigen älteren Bruder verheiratet worden, während ihre sanfte Schwester in dem ehrgeizigen Lucius Tarquinius ebenfalls einen völlig andersgearteten Partner fand. Lucius und Tullia glaubten füreinander bestimmt zu sein, und in zügelloser Leidenschaft verabredeten sie sich, ihre Gatten zu ermorden. Kurz nach der Tat heiratete das verbrecherische Paar.

Nun aber träumte Tullia davon, Königin zu werden. Sie stachelte ihren neuen Gatten an, den eigenen Vater zu ermorden. Lucius ließ seine Leibgarde das Forum besetzen, stürmte in den Sitzungssaal der Kurie und setzte sich auf den königlichen Thron. Als der alte König in den Saal eilte, sah er, daß die Anhänger des Usurpators alle Plätze eingenommen hatten, und als er zum Thron trat, stieß ihn der eigene Schwiegersohn die Stufen hinunter. Mühsam richtete sich der Greis wieder auf und wankte hinaus auf das Forum und durch die cyprische Gasse seinem Palast zu. Schon aber folgten ihm die Schergen, und noch ehe er sein Haus erreichen konnte, stießen sie ihm von hinten den Dolch ins Herz, und der Alte sank tot auf die Straße nieder.

In diesem Augenblick nahte, von der Burg kommend, ein Viergespann, das eine Frau lenkte. Entsetzt wichen die Fußgänger von der Fahrbahn, als sie die wilde Tullia erkannten. Da aber stutzten die Rosse und scheuten vor dem Leichnam im Straßenstaub. Tullia beugte sich nach vorn, als sie aber in dem Toten den eigenen Vater erkannte, trieb sie unter Hohngelächter die Rosse mit Peitschenschlägen an und jagte über den Leichnam hinweg. Die Nachricht von der entmenschten Tat verbreitete sich mit Windeseile durch ganz Rom. Die Häuserzeile aber hieß fortan nur noch die Frevlergasse und wurde, wie manche andere dunkle Stelle in Rom, durch Jahrhunderte hindurch von den Menschen gemieden.

SERVIANISCHE MAUER

Die Mauerreste vor der Stazione Termini mit ihren kyklopischen Blöcken werden dem König Servius Tullius (578–534 v. Chr.) zugeschrieben, jenem vorletzten König Roms, dem es auch seinen Namen „Siebenhügelstadt“ verdanken soll.

Eines Tages rief, so erzählt die Sage, der König die gesamte wehrfähige Mannschaft auf dem Marsfeld zusammen, der großen Ebene zwischen Stadt und Tiber, da, wo heute etwa die päpstliche Altstadt mit der Piazza Navona und dem Campo dei Fiori liegt. An die achtzigtausend wehrfähige Männer strömten herbei. Servius Tullius hielt eine Ansprache und verkündete den Bürgern, daß er den Plan gefaßt hätte, an Stelle der alten Befestigung eine Mauer zu setzen, die jedem Feind standzuhalten vermöchte.

„Diese Mauern aber werden nicht mehr die alte Stadt umschließen. Rom soll noch größer und schöner werden“, so sagte er, und während sich ein erstauntes Gemurmel unter der Menge erhob, fuhr der König fort: „Unsere Stadt ist bisher auf fünf Hügeln erbaut, noch aber klafft eine Lücke zwischen dem Caelius und dem Quirinal, dort, wo der Esquilin und der Viminal liegen. Bisher haben wir nicht die Kraft gehabt, auch sie zu besiedeln, sie zu verteidigen aber sind wir stark genug, so laßt uns den Bogen schließen. Sechs Wächter wollen wir reihen um den siebten Berg, das den Göttern geweihte Capitol. Diese sieben Hügel aber, das Capitol, der Aventin und der Palatin, Caelius, Quirinal, Esquilin und Viminal, sie mögen dauerhafter sein als Erz!“ Ein Sturm der Begeisterung erhob sich, und die Männer wiederholten jubelnd das

Wort: „Dauerhafter als Erz sei die Stadt der sieben Hügel!"

Von dieser Zeit an verblieb Rom der Name der Siebenhügelstadt, mochte es sich auch ausdehnen weit über die Servianische Mauer hinaus.

SANTA MARIA DEGLI ANGELI

Die Thermen des Diokletian umfassen eine Fläche von dreizehn Hektar. Der Überlieferung nach sollen beim Bau vierzigtausend Christen Fronarbeit geleistet haben. Sie schufen nicht nur die größte Bäderanlage des antiken Roms, sondern zugleich auch eine Kirche, denn Michelangelo hat den Raum des Frigidariums in eine solche umgewandelt und dabei kaum etwas verändert. Sein Entwurf für den Bau übertraf den seiner Konkurrenten in solchem Maße, „daß der Papst und alle Prälaten und Herren des Hofes erstaunt waren, über die wunderschönen Beobachtungen seiner Einsicht, mit denen er das ganze Gerüst der Thermen nutzte und darauf einen sehr schönen Tempel aufführte", so erzählt der Chronist.

Ihre Entstehung verdankt diese Kirche aber einem einfachen Geistlichen, Antonio del Duca, der zusammen mit seinem Neffen, dem jungen Bildhauer Giacomo del Duca, nach Rom gekommen war, wo dieser bald eine Stelle in der Werkstatt Michelangelos erhielt. Antonio aber, ein frommer Priester, verehrte die Engel besonders und weihte den himmlischen Heerscharen einen Altar, den er auf eigene Kosten in den Diokletiansthermen errichtete. Dort betete er re-

berinsel. Blick vom rechten Tiberufer auf den Ponte Cestio (Cestius-Brücke) und
n Glockenturm der Kirche San Bartolomeo.

Der Tiber beim Ponte Fabricio. Die antike Fabricius-Brücke verbindet das linke Tiberufer mit der Tiberinsel. Im Volksmund heißt sie auch Ponte Quattro Capi (Vier-häupterbrücke). Im Blick rechts die Insel.

gelmäßig zusammen mit einer ihm anvertrauten Schar von Waisenkindern. Doch die Ruinen dienten, ähnlich wie das Kolosseum, als Schlupfwinkel für lichtscheues Gesindel, und eines Tages überfielen sie den Priester und seine Zöglinge und steinigten ihn beinahe, den Altar aber zerstörten sie.

Einige Tage später besichtigte Papst Pius IV. den Bau der Porta Pia, von dem noch die Rede sein wird. Michelangelo hatte gerade die große Maske an der Innenseite des Bogens anbringen lassen, die dem Tor im Volksmund den Namen „Mascherone" gegeben hat. Sie stammte von dem jungen del Duca, den Michelangelo jetzt dem Papst vorstellte. Pius IV. setzte dann seinen Spaziergang fort und begegnete kurz darauf dem alten del Duca, der gerade den Thermen zustrebte, um dort trotz aller Widerwärtigkeiten seine täglichen Gebete zu verrichten. Der Papst hörte sich die Geschichte des alten Mannes an und sah eine Fügung darin, daß ihm am gleichen Tag zweimal hintereinander der Name del Duca begegnet war. Er entschloß sich, in den Thermen eine Kirche bauen zu lassen, die auf Wunsch Antonio del Ducas „Maria als Königin der Engel – Santa Maria degli Angeli" geweiht wurde.

NAJADENBRUNNEN

Einer der bekanntesten unter den zahllosen Brunnen Roms ist zugleich auch einer der jüngsten: der Najadenbrunnen auf der heute so verkehrsreichen Piazza Esedra. Die Stadtverwaltung des neuen königlichen Roms hatte den Platz für ein monumentales Werk ausersehen. Als aber der Ingenieur Guerini 1885 den Brunnen fertigstellte, wirkte er trotz seiner großen Mittelfontäne und den hundertfünfundachtzig bogenförmigen Wasserstrahlen im Vergleich mit den alten päpstlichen Brunnen doch etwas dürftig. Daraufhin beauftragten die römischen Stadtväter den Bildhauer Mario Rutelli aus Palermo, für einen entsprechend repräsentativen Figurenschmuck zu sorgen.

Aber es kam anders, als sie dachten, denn Rutelli entwarf vier schöne nackte Najaden, die sich in recht gewagten Stellungen um einen Mann gruppierten und die Wasserstrahlen auf ihre wohlproportionierten Rücken plätschern ließen. Kaum lagen die vier bronzenen Damen auf ihren Plätzen, entstand solch ein Sturm moralischer Entrüstung über die angebliche Unmoral der Najaden und natürlich auch der Behörden selbst, daß diese rasch einen Bretterverschlag um den Brunnen errichteten und es nicht wagten, ihn zur offiziellen Enthüllung freizugeben. Eines Nachts wurde es endlich ein paar jungen Leuten zu dumm, und sie rissen den Verschlag nieder. Am nächsten Morgen staunten die Römer, und plötzlich gefiel ihnen der Brunnen. Er gefällt ihnen noch heute, sonst würden sie ihn nicht am Abend so besonders schön beleuchten.

ACQUA FELICE

Zu den Brunnen, die Papst Sixtus V. errichten ließ, gehört auch der Abschluß der antiken Aqua Alessandrea an der Piazza San Bernardo. Zu Ehren des Papstes, der mit bürgerlichem Namen Felice Peretti hieß, nannte man den neuen Brunnen „Acqua Felice". Domenico Fontana hatte ihn entworfen, zwei andere Künstler meißelten die Reliefs zu beiden Seiten. Den Hauptauftrag aber, eine große Mosesstatue für den Mittelteil, erhielt Prospero Bresciano, ein Bildhauer, der sich in Rom schon einen Namen gemacht hatte.

Prospero wollte es Michelangelo gleichtun, wollte einen ebenso gewaltigen Moses schaffen wie dieser, beging aber von vornherein zwei verhängnisvolle Fehler. Einmal bedachte er die Höhe nicht, in der die Figur aufgestellt werden sollte, und zum andern mußte er in seinem zu kleinen Atelier den gewaltigen Travertinblock, der ihm als Material dienen sollte, hinlegen und so die Figur bearbeiten. Allzugut gelangen ihm auch Gesichtsausdruck und Gebärde nicht, und die Römer lachten ihn aus, als die Figur aufgestellt wurde und, ein wenig plump in den Proportionen, recht absonderlich auf ihrem erhöhten Platz wirkte. Man überschüttete Prospero mit solchem Spott, daß der Unglückliche in Melancholie verfiel und sich schließlich zu Tode grämte.

SANTA MARIA DELLA VITTORIA

Santa Maria della Vittoria – Sankt Maria vom Sieg – in der Via XX Settembre verdankt ihren kriegerischen Namen allen jenen Siegen katholischer Truppen, die mit Hilfe Mariens errungen wurden, so bei Lepanto und Wien über die Türken, vor allem aber einer der entscheidenden Schlachten des Dreißigjährigen Krieges, als 1620 die Truppen der katholischen Liga unter Tilly am Weißen Berg bei Prag über die Protestanten siegten. Als sich in dieser Schlacht einmal das Kriegsglück gegen die Ligisten zu wenden drohte, bestieg der „geistliche Heerbegleiter", ein hochbetagter Karmelitenpater, sein Pferd, ergriff ein kleines Bild mit der Darstellung der Geburt Christi, bei dem Maria und Joseph angeblich von den Protestanten die Augen ausgestochen worden waren, und ritt mit erstaunlichem Mut dem Feind entgegen. Dadurch sollen die katholischen Truppen schließlich doch den Sieg errungen haben. Ein großes Gemälde in der Apsiswölbung der Kirche zeigt den siegreichen Einzug der katholischen Truppen in Prag, allen voran auf einem Schimmel der Pater mit dem wundertätigen Bild, neben ihm Herzog Maximilian I. von Bayern, der somit als einziger bayerischer Fürst in einer römischen Kirche dargestellt ist! Die „Madonna di Praga" aber, das Wunderbild, durfte weder in Böhmen noch in Bayern bleiben, sondern wurde nach Rom gebracht, hier erst einmal in Santa Maria Maggiore ausgestellt und dann in diese Kirche überführt. Zweihundert Jahre lang verehrten die Römer die böhmische Madonna, dann wurde sie bei einem Kirchenbrand vernichtet, und die Besucher können heute nur eine Kopie bestaunen.

Bestaunen dürfen sie in der Kirche auch eines der merkwürdigsten und zugleich reizvollsten Heiligenbilder des Barock, die „Ekstase der Heiligen Theresia von Avila“ von Lorenzo Bernini. Der Künstler hat hier nämlich eine recht weltlich anmutende Marmorplastik geschaffen, und man weiß nicht so recht, ob ein Engel der Heiligen einen Pfeil in ihr Herz bohren will, oder ob ein verliebt lächelnder Cupido der träumenden Frau mit seinem Pfeil droht. Der Künstler selbst hat der Szene ja einen bewußt theatralischen Effekt gegeben, indem er zu beiden Seiten plastische Theaterlogen arrangierte, von denen aus die Mitglieder der venezianischen Familia Coronaro das Schauspiel zu bewundern scheinen.

SANTA MARIA DELLA CONCEZIONE

Zu den leichtsinnigsten, aber zugleich auch zu den selbstbewußtesten Künstlern Roms gehörte der Maler Guido Reni. Immer wieder verlor er beträchtliche Summen beim Glücksspiel. Als es ruchbar wurde, daß er an zwei Abenden hintereinander gleich vierzehntausend Skudi verloren hatte, begann man auch am päpstlichen Hof seinen Leichtsinn zu tadeln, und besonders der Kardinal Pamphili, der nachmalige Papst Innozenz X., fand sehr scharfe Worte.

Reni arbeitete damals gerade an einem Altarbild für die erste Kapelle rechts in der Kirche Santa Maria della Concezione an der Via Veneto. Auf dem Bild hält der Erzengel Michael in der Rechten das gezogene Schwert, in der Linken die eisernen Ketten des am Boden gefesselten Satans, dem er zugleich einen Fuß auf den Kopf setzt. Als dem Maler die scharfen Worte des Kardinals hinterbracht wurden, wollte er sich rächen und gab dem Teufel kurz entschlossen die Züge des recht häßlichen Pamphili.

Natürlich wurde der üble Scherz bald bekannt. Auf die Vorwürfe aber, die man Reni machte, antwortete dieser nur hochmütig: „Es ist nicht meine Schuld, daß der Teufel zufällig dem Kardinal gleicht, sondern das Pech des Kardinals, so häßlich zu sein."

PORTA PIA

Die merkwürdig-bizarre Porta Pia am oberen Ende der Via XX Settembre verdankt ihre Entstehung den Sarazeneneinfällen an den Küsten des Tyrrhenischen Meeres. Sie veranlaßten Papst Pius IV., die Befestigung der Stadt Rom noch auszubauen, und am 17. Juni 1561 legte er den Grundstein zu einem neuen, befestigten Tor in der Aurelianischen Mauer, das nach ihm den Namen „Porta Pia" erhielt. Die Pläne dazu hatte Michelangelo entworfen.

Nun stammte der Papst aus einer Familie Medici, doch bestand keinerlei Verwandtschaft mit dem berühmten Florentiner Geschlecht. Eigentlich hieß er Medichino, was darauf hindeutete, daß seine Familie in Mailand das Amt eines Wundarztes und Baders ausgeübt hatte. Der Bruder des Papstes war ein Seeräuber, der dann zum Marquis von Marignano befördert wurde. Trotzdem eignete sich Pius nach seiner Wahl das mediceische Wappen an, und Herzog Cosimo in Florenz ließ es widerspruchslos geschehen, um sich die Gunst des neuen Papstes zu sichern. Michelangelo jedoch verspottete den neuen Papst, indem er in die Ausschmückung des großen Tores drei kreisförmige Ornamente einfügte, die sogleich als Barbierschüsseln mit darüberhängenden stilisierten Handtüchern gedeutet wurden. Nicht genug damit, legte er in die größte Schüssel, genau über dem Durchgang, ein Marmorstück, das die Seife darstellen sollte.

GALLERIA BORGHESE

Napoleons Schwester, Pauline Bonaparte, hatte in zweiter Ehe den Fürsten Camillo Borghese geheiratet, der vom Kaiser im Jahre 1808 zum Gouverneur von Piemont und Sardinien ernannt wurde. Die Fürstin galt als eine der schönsten Frauen Europas, und da sie selbst am stärksten von dieser Behauptung überzeugt war, ließ sie sich von Canova als „siegreiche Venus“ modellieren.

Die heute in der Galleria Borghese befindliche Marmorstatue erregte nicht nur Bewunderung als Kunstwerk, sondern auch Aufsehen, da die Venus in der Art antiker Göttinnen mit entblößtem Oberkörper und aufgestütztem Kopf auf einem Ruhebett lagert. Französische Höflinge verbreiteten daraufhin sofort die Auffassung, Pauline habe nur für den Kopf

Modell gestanden. Die leichtfertige Fürstin jedoch antwortete einer Freundin auf die Frage, ob sie tatsächlich Canova als Modell gedient habe, nur ganz kurz: „Im Atelier war es warm."

PINCIO

Am Pincio, wo sich heute vor allem an Sonntagen die Scharen der Spaziergänger drängen, erstreckten sich vor rund zweitausend Jahren die Gärten des Lucull, jenes berühmten Feldherrn, Lebenskünstlers und Feinschmeckers, der von seinen kleinasiatischen Feldzügen die Kirsche mit nach Italien brachte und sie zu züchten begann. Hier hielt er auch seine Fischteiche, hier ließ er die Vögel mästen, die ihm zu jeder Zeit als Leckerbissen für seine Küche zur Verfügung stehen mußten. Einmal soll ein Arzt dem Pompejus während einer Krankheit Krammetsvögel verordnet haben, die jedoch um diese Jahreszeit eben nur in den Gärten Luculls aufzutreiben waren.

„Ein unerträglicher Gedanke", rief Pompejus empört, „mein Leben der Freßsucht dieses Schlemmers zu verdanken!" Und er ließ sich eine andere Kost verschreiben.

Der prächtige Palast des Lucull lag am Südhang des Pincio, etwa in der Gegend der Spanischen Treppe. Dort gab der Feldherr seine berühmten Gastmäler, die nicht ihresgleichen fanden in ganz Rom. Nun wollten aber seine Bekannten gar zu gerne wissen, wie er speiste, wenn er allein war. So fingen ihn Pompejus und Cicero auf dem Forum ab und erklärten, daß sie mit ihm dinieren wollten, er dürfe dem Koch aber keine besonderen Anweisungen geben.

Lucull wußte sich rasch zu helfen. Er hatte in seinem Palast mehrere Eßsäle, die bestimmte Namen führten und die jeweils auch für ganz bestimmte Gastmäler vorgesehen waren. Die feinsten gab es stets im Apollosaal. So wandte sich Lucull nur lässig an einen Sklaven und befahl: „Wir speisen heute im Apollosaal."

Als er mit seinen Gästen den Palast betrat, fanden sie ein so feudales Essen vor, daß es nach Aussagen des Chronisten 50000 Sesterzen, das Gedeck also etwa 3000 Mark, kostete.

Aber nicht nur die Gestalt des Lebenskünstlers Lucull läßt sich auf dem Pincio beschwören, sondern auch der Schatten einer in ihrer Art recht ungewöhnlichen Frau, die hier ihr blutiges Ende fand. Es ist die berüchtigte Messalina, die Gattin des Kaisers Claudius.

Nach dem Tod Lucullls waren seine Gärten auf dem Pincio in den Besitz des Valerius Asiaticus übergegangen. Messalina trieb den Valerius, den sie haßte, in diesen Gärten in den Selbstmord und beschlagnahmte dann alles. Der Pincio wurde zu ihrem bevorzugten Aufenthalt, hier feierte sie ihre zahllosen Orgien. Ihr Gatte, der völlig in sie vernarrte Claudius, ließ sie gewähren und machte sogar noch gute Miene dazu, als sie sich mit einem ihrer Liebhaber öffentlich verheiratete, während sie dem Kaiser einredete, das Ganze sei nur eine Komödie.

In die Gärten flüchtete Messalina aber auch, als sie ihre Eskapaden zu weit getrieben und den Kaiser endlich doch erzürnt hatte. Sie hoffte, Claudius würde sich wieder beruhigen. Einer der Palastbeamten schickte aber sogleich einen Trupp Bewaffnete aus mit der Weisung, Messalina zu töten. Als die Mutter Messalinas das Herannahen der Soldaten hörte, versuchte sie ihre Tochter zu überreden, wie eine echte Römerin freiwillig in den Tod zu gehen, und reichte ihr einen Dolch. Doch die Kaiserin fand nicht den Mut zuzustoßen, und der Offizier der Wache tötete sie mit einem Schwerthieb. Sie war erst sechsundzwanzig Jahre alt.

MURO TORTO

Von der Porta Pinciana bis hinunter zur Piazza del Popolo zieht sich die Viale del Muro Torto entlang der „Gewundenen Mauer". Diese geht in ihrer heutigen Form auf Kaiser Aurelian zurück, der sie 272 auf den Resten einer älteren Mauer errichten ließ. 536 verstärkte sie Belisar zur Verteidigung der Stadt gegen die Goten. Merkwürdigerweise blieb eine Bresche, die niemand ausbessern wollte. Unter der Bevölkerung herrschte die Meinung, der heilige Petrus selbst habe versprochen, den Ort gegen jeden Angriff zu schützen. Dieses Versprechen ist dem Apostel um so höher anzurechnen, als ja in unmittelbarer Nähe das Grab seines Mörders Nero lag! So unglaublich es auch klingen mag, die Goten unternahmen während der ganzen Zeit der Belagerung niemals den Versuch, an dieser so schwachen Stelle in die Stadt einzudringen.

Statt nun die Gegend aber besonders zu verehren, begruben dort die Römer die ohne Absolution gestorbenen schweren Sünder, die Selbstmörder und die Straßendirnen. Das Unheimliche und Düstere der Gegend machte sie für Lebensmüde besonders anziehend, und die Muro torto wurde zur Selbstmördermauer, die sich dort so häufig in die Tiefe stürzten, daß die Behörden an einigen besonders frequentierten Stellen Auffanggitter anbringen ließen.

SANTA MARIA DEL POPOLO

Die Kirche Santa Maria del Popolo auf der Piazza del Popolo am Fuße des Pincio steht angeblich an der Stelle, an der ein Jahrtausend lang das Grab Kaiser Neros lag. Im frühen Mittelalter war die Gegend verrufen, und böse Geister und Dämonen trieben dort nachts ihr Unwesen. Da beschloß Papst Paschalis II. im Jahr 1099 dem Spuk ein Ende zu bereiten. Er ordnete zuerst einmal für ganz Rom ein dreitägiges allgemeines Fasten an. In der letzten Nacht dieser Fastenzeit erschien ihm die Jungfrau Maria im Traum und befahl, einen Nußbaum niederzuhauen, der dort über dem Grab des verfluchten Kaisers stand, unter dessen Regierung ja die Apostel Petrus und Paulus hingerichtet worden waren. Der Papst zog in feierlicher Prozession zu dem Baum und legte selbst als erster die Axt an. Als der Baum gefällt war, entdeckte man unter seinen Wurzeln die Gebeine Neros. Baum und Knochen wurden verbrannt, die Asche in den Tiber gestreut. Der Papst aber ließ an der Stelle eine Kapelle errichten, aus der später eine Kirche hervorging. Die denkwürdige Szene kann man in der im 15. Jahrhundert erbauten jetzigen Kirche bestaunen. Die Tonnenwölbung vor dem Hochaltar zeigt sie in mehreren Reliefs, wobei ein kleiner Anachronismus auffällt: der mutige Papst wird bei seinem Werk bereits von der Schweizergarde begleitet, die erst vierhundert Jahre später ihren Dienst antrat.

Nicht mehr besichtigen kann man in der Kirche das Grabmal der Vanozza Catanei. Papst Alexander VI. hatte es seiner Geliebten dort errichten lassen, im 18. Jahrhundert wurde es aber unauffällig entfernt.

CORSO

Am Corso, „keine 300 Schritte von der Porta del Popolo“, liegt das Haus, in dem Johann Wolfgang von Goethe während seines römischen Aufenthaltes wohnte. Es ist 1833 umgebaut worden und erhielt 1872 eine Gedenktafel mit folgendem Text:

> „In diesem Hause wohnte Wolfgang Goethe und schrieb unsterbliche Dinge. Die Gemeinde von Rom brachte diese Tafel zum Gedächtnis des großen Gastes an.“

Von hier aus unternahm er zusammen mit seinen Freunden jene Streifzüge durch die Ewige Stadt, die wir heute noch in der „Italienischen Reise“ in eindrucksvoller Frische miterleben können. Als Goethe dabei einmal den Palazzo Giustiniani besuchte, bewunderte er dort eine Statue der Göttin Minerva. Er war so in das Werk vertieft, daß die Wärterin, die eine solche Begeisterung nicht verstehen konnte, sich neugierig erkundigte, ob er etwa „eine Schöne hätte", die diesem Marmor ähnlich sähe, weil ihn der so sehr anzöge. Ganz entrüstet ob solch prosaischer Auffassung schrieb Goethe an Frau von Stein: „Das gute Weib kannte nur Anbetung und Liebe, aber von der reinen Bewunderung eines herrlichen Werkes, von der brüderlichen Verehrung eines Menschengeistes, konnte sie keinen Begriff haben."

PALAZZO ZUCCARI

Der Palazzo Zuccari bei Trinità dei Monti erinnert an eine Königin, die hier jahrelang wohnte, an Maria Casimira, Witwe König Johann Sobieskis von Polen, der das Entsatzheer bei der Befreiung Wiens von den Türken angeführt hatte. Sie stammte aus einer Familie von niederem Adel in Frankreich und war im Alter von vier Jahren bereits im Gefolge von Maria Gonzaga, Herzogin von Nevers, nach Polen gekommen. Mit siebzehn heiratete sie einen polnischen Fürsten, und als dieser gestorben war, den König von Polen. Doch da sie beim Volk wenig beliebt war, ging sie nach dem Tod ihres königlichen Gemahls 1699 nach Rom, wo sie Papst Innozenz XII. mit allen Ehren aufnahm, die ihr als Witwe eines Königs, der noch dazu eine so wichtige Rolle für die Christenheit gespielt hatte, zustanden. 1711 erhielt sie die Erlaubnis, auf dem Platz vor dem Palazzo Zuccari eine Loggia in typisch französischem Rokokostil zu errichten, von der aus sie den Blick über die Stadt hinweg genießen konnte.

Aber mit ihrer Beliebtheit scheint es auch hier nicht so weit her gewesen zu sein, denn während die Römer Königin Christine von Schweden trotz ihrer Eigenheiten und Eskapaden, von denen an anderer Stelle die Rede war, sehr gerne mochten, kritisierte der Spötter Pasquino Maria Casimira unter Anspielung auf eben Königin Christine mit folgendem Vers:

> „Ich stamm vom Hahn, bin einfach Gallina,
> wuchs unter Hühnern auf, ward dann – Regina!
> Nach Rom kam ich als Christin, nicht Christina."

LA BARCACCIA

Der kleine Brunnen in Form eines Schiffes auf dem Spanischen Plaz, „La Barcaccia", wie ihn die Römer nennen, ist ein Werk der Familie Bernini. Einige sagen, daß ihn Pietro Bernini, der Vater des berühmten Lorenzo, als alter Mann geschaffen habe, und zwar als Erinnerung an eine Tiberüberschwemmung, die ein Boot bis zum Spanischen Platz hinauftrieb. Andere meinen, „La Barcaccia" sei eines der ersten Werke des jungen Bernini, der nur auf den geringen Wasserdruck Rücksicht nehmen mußte und deshalb geschickt dem Brunnen seine Flachform gab. Sei dem, wie dem sei. Papst Urban VIII. jedenfalls gefiel der Einfall, und er verfaßte sogleich ein Distichon von allerdings nicht allzu hoher Qualität.

Darauf erfolgte auch prompt von Pasquino die boshafte Antwort:

„Carminibus fontem, non fonti carmina fecit
Urbanus vates; sic sibi quisque placet.
Für seine Verse schuf der Dichter Urban den Brunnen,
Nicht aber für den Brunnen ein Gedicht,
so wie es jedem gefällt."

PALAZZO MONTECITORIO

Auf der Loggia des Palazzo Montecitorio, dem heutigen Sitz des italienischen Parlaments, wurden im 18. Jahrhundert die öffentlichen Ziehungen der Lotterie abgehalten. Das Lotteriespiel erfreute sich damals nicht geringerer Beliebtheit als heute, und gespannt wartete die Menge auf die neun Ziehungen im Jahr.

Um so größer war die Erregung, als sich herumsprach, daß ein Kapuziner, Fra Pacifico aus einem kleinen Kloster in der Nähe der Piazza Barberini, angeblich mit Hilfe einiger kabbalistischer Bücher aus der Klosterbibliothek die Gewinnzahlen voraussagen könnte. Eines Tages hatte er nämlich drei Zahlen an die Tür seiner Zelle geschrieben und erklärt, das seien die Gewinnnummern der Lotterie. Seine Mitbrüder spotteten darüber, doch als die Nummern tatsächlich bei der Ziehung herauskamen, verging ihnen das Lachen.

Kein Wunder, daß der gute Frater Pacifico nun von allen Seiten um einen sicheren Tip bestürmt wurde. Aber er schwieg standhaft, bis er endlich den Bitten einer Verwandten nicht mehr widerstehen konnte und ihr unter dem Siegel strengster Verschwiegenheit die Zahlen für ein Terno mitteilte, das der glücklichen Gewinnerin die immerhin recht erhebliche Summe von zwölftausend Skudi, das entspricht sechzigtausend Goldmark, einbrachte.

Es kam, wie es kommen mußte. Die Frau konnte den Mund nicht halten, und die Angelegenheit gelangte auch zu Ohren von Papst Klemens XVI., der sich darüber empörte, daß ein Kapuziner mithalf, seine Kasse zu plündern. Er verbannte den unglücklichen Pater in ein abgelegenes Kloster.

Als Fra Pacifico von seinen Freunden zur Postkutsche an der Piazza del Popolo gebracht wurde, verabschiedete er sich von ihnen mit den Worten:

„Roma, se santa sei
perché crudel se' tanta?
Se dici che se' santa
certo bugiarda sei!
Rom, wenn du heilig bist,
warum bist du so grausam?
Wenn du sagst, daß du heilig bist,
lügst du bestimmt!"

Ein findiger Kopf merkte bald, daß ihnen da der Pater ein kostbares Abschiedsgeschenk hinterlassen hatte, mit dem sich der kluge Kapuziner zugleich für die Ausweisung rächen wollte, denn in dem Vers steckten fünf Zahlen: se(s)santa sei = 66; se(t)tanta = 70; sedici = 16; se(s)santa = 60; sei = 6.

Für die päpstliche Kasse bedeuteten die Zahlenhinweise angeblich den gar nicht so bescheidenen Verlust von dreihunderttausend Skudi, das sind eineinhalb Millionen Goldmark.

onte Rotto (Ausschnitt). Als die linken Brückenbögen der antiken Aemilianischen rücke im 16. Jh. zusammenbrachen, nannte man den erhaltenen Rest „Unterbrochene rücke". 1853 wurde sie durch eine Metallkonstruktion ergänzt und wieder passierbar, ute sind nur noch ein paar kümmerliche Reste neben der neuen Palatinischen Brücke halten. Das Bild zeigt die rechte Brückenseite, dahinter die Tiberinsel mit S. Bartolo-eo und (perspektivisch stark verkürzt) die Kuppel von Sant Andrea della Valle.

Die Cestius-Pyramide (Ausschnitt). Im Vordergrund der damals noch nicht ummauerte protestantische Friedhof, auf dem auch Goethes Sohn August begraben liegt.

PALAZZO DORIA-PAMPHILI

Der Bau des Palazzos Doria-Pamphili auf dem Corso wurde von Kardinal Acciapacci begonnen. Nach dessen Tod führte ihn der ungarische Kardinal Zech weiter, und als auch er starb, baute ihn der Kardinal Santorio zu Ende. Er stattete ihn so prächtig aus, daß selbst Papst Julius II. sich dafür zu interessieren begann. Eines Tages besuchte er den Kardinal und ließ sich von dem stolzen Hausherrn alle Einzelheiten und sämtliche Räume des neuen Besitzes zeigen. Immer wieder äußerte er Bewunderung und Entzücken, am Ende des Besuches aber erklärte er, der Palast sei viel zu großartig für einen Kardinal und eignete sich besser als Wohnsitz eines Herzogs. Er schlug Santorio vor, ihn für seinen Neffen, Francesco Maria della Rovere, den Herzog von Urbino, kaufen zu wollen. Der Kaufpreis sollte teils in bar entrichtet werden, teils in Pfründen. Der Kardinal willigte, obgleich die angebotene Entschädigung sehr gut war, nur schweren Herzens in das Geschäft ein, und er sollte mit seinen Bedenken allzu recht behalten. Es vergingen Monate, der Papst kam seinen Verpflichtungen sehr zögernd nach, und Santorio, der sich die Aufregung und den Ärger sehr zu Herzen genommen haben mochte, starb noch im gleichen Jahr.

1601 wechselte der Palast wieder seinen Besitzer. Papst Klemens VIII. schenkte damals einem seiner Neffen zwölftausend Malter Korn, damit dieser mit dem Erlös des Verkaufs den Palast erwerben konnte. Von der Familie Aldobrandini erbten ihn die Pamphili, die ihm die barocke Fassade gaben und nach denen er noch heute benannt ist.

Zweimal hat Papst Urban VIII. (1623–1644) beim Pantheon, jenem von Agrippa, dem Freund und Feldherrn des Augustus, geschaffenen herrlichen Rundbau, eine wenig glückliche Hand bewiesen. So hieß er Bernini, wohl um dem antiken Bau ein christliches Aussehen zu geben, zwei kleine Glockentürme zu beiden Seiten der Kuppel aufstellen, die bis zum Jahre 1883 das Bauwerk verunzierten. Die Römer fanden auch prompt einen Namen dafür und nannten sie „Eselsohren des Bernini".

Nicht genug damit, befahl der gleiche Papst eines Tages, als Bernini für den Guß der riesigen Säulen des Tabernakels in der Peterskirche das Bronzematerial fehlte, die Bronzebalken vom Dachstuhl der Vorhalle herunterzunehmen. Obgleich Urban die Balken gleich durch andere ersetzte und sogar einige Restaurierungsarbeiten vornehmen ließ, klagte bald darauf Pasquino den Papst aus der Familie Barberini mit den Worten an:

> „Quod non fecerunt Barbari – fecerunt Barberini.
> Was die Barbaren nicht taten – das taten die Barberini."

Während die Besucher des Pantheons heute nur von unten die prachtvolle Facettendecke bewundern können, durften vornehme Besucher in früheren Zeiten auch die 190 Stufen zum Dach hinaufsteigen und durch die Deckenöffnung den Rundblick auf den gesamten Bau genießen.

Als Kaiser Karl V. im Frühjahr 1536 nach Rom kam, galt eine seiner ersten Besichtigungen dem Pantheon. Aber die Römer erinnerten sich immer noch, wie ein Jahrzehnt zuvor die kaiserliche Soldateska beim „Sacco di Roma“ in der Stadt gewütet hatte, und ein junger römischer Adeliger, der den Kaiser bei der Besichtigung begleitete, dachte einen Augenblick daran, ihn durch die Öffnung des Pantheons in die Tiefe zu stürzen. Aber er bezwang sich. Als er jedoch am Abend seinem Vater von der plötzlichen Anwandlung berichtete, antwortete ihm dieser:

> „Figlio mio, queste cose si fanno, e non si dicono. –
> Mein Sohn, so etwas tut man, aber man spricht nicht darüber!“

Am Karsamstag des Jahres 1520 trug man im Pantheon die sterblichen Reste Raffaels zu Grabe. Noch auf dem Krankenbett hatte der Künstler genau die Stelle angegeben, wo er seine letzte Ruhe finden wollte. Und bis zum heutigen Tag ist Raffael wie kein anderer Künstler der Liebling der Römer geblieben, denn stets liegen ein paar frische Blumen auf seiner Gruft unter dem Altarbogen der Madonna del Sasso.

Gerade um dieses Grab aber gab es einige Verwirrung: Bei Restaurationsarbeiten in der Kirche legten die Handwerker im Jahre 1690 in der Kapelle des heiligen Joseph, es ist die zweite links vom Eingang, die Ruhestätte eines Domherrn frei. Dabei fiel dessen Schädel aus der Mauer heraus. Man tat ihn pietätvoll

Die Piazza della Rotonda. Blick von der Via Giustiniani auf den Obelisken und das Pantheon, das noch die später wieder entfernten beiden Türmchen Berninis trägt. Im Vordergrund die damals beim einfachen Volk

ungemein beliebten Garküchen und Stände der Hühnermäster und Obstverkäufer, „die dem Platz ein sehr unsauberes Aussehen gaben". Links vorn werden Bratwürste vom Rost feilgeboten.

in ein Holzkistchen mit einem Glasdeckel und stellte dieses in der Sakristei ab.

Durch irgendeinen Zufall verbreitete sich nun das Gerücht, daß dies der Schädel Raffaels wäre. Und die Behauptung hielt sich mit solcher Hartnäckigkeit, daß die Römer sie schließlich für wahr ansahen. Der Schädel wurde als kostbare Reliquie in die Akademie von San Luca überführt und dort von Einheimischen wie Fremden bestaunt.

So erklärte Goethe, wenige Tage bevor er Rom für immer verließ, daß er „dem Schädel Raffaels noch seine Verehrung bezeigen wolle". Er war so hingerissen von der Schönheit dieser „abgerundeten Schale", daß er sich um einen Abguß davon bemühte. Ein Wunsch, den man dem angesehenen Besucher dank einflußreicher Vermittlung auch erfüllte.

Aber es gab auch kritischere Persönlichkeiten, die immer wieder auf das Zeugnis der Zeitgenossen verwiesen, wonach das Grab des Künstlers unter dem Altar der Madonna del Sasso sei. Als die Zweifel nicht verstummen wollten, erteilte im September 1833 der Papst die Genehmigung zur Untersuchung des Grabes. Im Beisein des Gouverneurs von Rom, zahlreicher Gelehrter, Prälaten und Künstler begann man, den Boden unter dem Altar aufzureißen, und stieß tatsächlich auf das noch guterhaltene Grab, einen Holzsarg und darin das unversehrte Skelett Raffaels samt dem Schädel. Sechs Tage lang strömten die Römer in Scharen herbei und betrachteten ehrfurchtsvoll das Grab, dann ließ Papst Gregor VI. die Gebeine in einem Marmorsarkophag für immer verschließen.

SANTO STEFANO DEL CACCO

Die kleine Kirche Santo Stefano del Cacco verdankt ihren Namen einem vergnüglichen Irrtum. Bei Ausschachtungsarbeiten stießen im Jahre 1619 die Arbeiter hier auf die Reste des Serapeums, eines dem ägyptischen Isiskult geweihten großen antiken Heiligtums. Bald förderten sie eine Anzahl wertvoller Stücke zutage, so die berühmte Gruppe des „Nil" mit den sechzehn auf ihm herumkrabbelnden Kinder, die die Stufen der Überschwemmung symbolisieren. Mit ihr zusammen entdeckten sie auch einen sogenannten „Kynoskephalos", eine hundeköpfige ägyptische Götterfigur, die heute wie der „Nil" in den Vatikanischen Museen steht.

Die guten Römer sahen die seltsame hundeköpfige Gestalt für einen Affen, einen Makako, an und benannten daher prompt die Kirche nach dem exotischen Wundertier „Sankt Stefan zum Affen".

Und wenn wir gleich bei den Tieren bleiben: Die Via della Scrofa – die Sauenstraße – verdankt ihre seltsame Bezeichnung einem Basrelief, das einen von Gregor XIII. errichteten Brunnen schmückte. Die Brunnenschale wurde versetzt, aber „La Scrofa" befindet sich noch an ihrem Platz.

In der Via della Gatta – der Katzenstraße – kann der aufmerksame Besucher noch eine kleine ägyptische Katze auf dem Hauptgesims des Palazzo Grazioli bewundern. Man hat sie in dieser Straße bei Ausschachtungsarbeiten gefunden.

Die Via del Babuino – die Pavianstraße – schließlich verdankt ihren Namen ebenfalls einem Affen, der gar keiner ist, sondern ein verwitterter Silen, eine halbliegende Travertinfigur mit gekrümmten Bocksbeinen. Nachdem einmal der Kardinal Dezza seinen Hut vor ihm gelüftet hatte, weil er ihn für den heiligen Hieronymus hielt, wurde er in den Hof des Palazzo Cerasi strafversetzt. Dort geriet er völlig in Vergessenheit, bis man ihn erst vor einigen Jahren durch Zufall wiederentdeckte und sogleich im Triumph wieder an seinen alten Platz an der Acqua Vergine in der Via del Babuino zurückbrachte.

SANTA MARIA SOPRA MINERVA

In der Kirche Santa Maria sopra Minerva liegen hinter dem Altar die beiden Päpste aus dem Geschlecht der Medici, Leo X. und Klemens VII., begraben. Leo war jener Papst, der Luther gebannt hat. In seiner Kunstbegeisterung verschwendete er ungeheuere Summen. Allgemein hieß es von ihm, so wenig wie ein Stein sich aus eigener Kraft zu erheben vermöge, so wenig könne Leo tausend Dukaten in seiner Tasche behalten. Eine andere Stimme sagte, er habe das Einkommen von drei Päpsten verschleudert: den Schatz Julius' II., sein eigenes Einkommen und die Einkünfte seines Nachfolgers. Und natürlich durfte auch Pasquino in dem Chor der Spötter nicht fehlen und widmete ihm einen wenig würdigen Nachruf:

„E tengo certo e vero
Che se'l viva anchor li era concesso,
Venderà Roma, Cristo e poi se stesso.

orta San Paolo (Ausschnitt). Sie war das wichtigste nach Süden führende Tor in der urelianischen Stadtmauer (heute mitten im Verkehr der Piazza di Porta S. Paolo). er Blick geht von der Innenseite des Tores nach Süden auf die Via Ostiense. Rechts eht man die Reste der Aurelianischen Mauer und die Spitze der Cestius-Pyramide.

Einmündung der Cloaca maxima in den Tiber. Dahinter der Rundtempel der Vesta und der schöne romanische Glockenturm von S. Maria in Cosmedin.

Man darf es glauben,
wenn Leo noch länger gelebt hätte,
würde er Rom, Christus und schließlich sich selbst verkauft haben.“

Im linken Seitenschiff der Kirche steht die berühmte Christusstatue von Michelangelo. Es ist die einzige unbekleidete Christusdarstellung. Der Meister hatte die Figur in Pisa weitgehend fertiggestellt, dann wurde sie zu Schiff nach Rom gebracht und mußte von einem Gehilfen beim Zoll ausgelöst werden, worauf man prompt in Rom witzelte, daß sogar Christus beim Betreten Roms Steuern zahlen müsse! Die nackte Statue mißfiel einigen Geistlichen und mußte daher, ähnlich wie die Gestalten des „Jüngsten Gerichts“ in der Sixtina, mit einem Lendenschurz versehen werden.

RÖMISCHE OBELISKEN

Wie viele Obelisken schmückten wohl seit den Tagen der Antike den Boden Roms? Ihre Zahl wird sich kaum genau feststellen lassen, und noch heute kann man die prächtigsten wiederaufgestellten oder erhaltenen Stücke auf den schönen römischen Plätzen bewundern. Diese beachtliche Zahl war der Grund für eine stolze Antwort, die Napoleon hinnehmen mußte:

Als Antonio Canova für den Kaiser in Paris arbeitete und dabei häufig von Rom schwärmte, erklärte eines Tages plötzlich Napoleon, in Rom sei es unerträglich heiß. „Wir in Paris dagegen sorgen für Schatten vor der Sonne", fuhr er fort. „Wir bepflanzen unsere Boulevards mit Bäumen!"

Canova aber antwortete nur stolz: „Dafür haben wir keinen Platz, Sire. Wir pflanzen Obelisken."

Der kleinste römische Obelisk stand fast siebenhundert Jahre in der ägyptischen Stadt Saïs vor dem Tempel der Neith, der ägyptischen Göttin Minerva. Ein seltsamer Zufall wollte es, daß er heute wieder an einer Stelle seinen Platz gefunden hat, die mit der gleichen Göttin zusammenhängt. Als dieser siebte römische Obelisk 1655 gefunden wurde, ließ ihn Papst Alexander VII. vor der Kirche Santa Maria sopra Minerva aufstellen, die ihren Namen nach dem Minerva-Tempel des Domitian erhielt, über dessen Resten sie erbaut ist.

Da der Obelisk so gar nicht die Größe seiner anderen römischen Brüder erreicht, sah sich Bernini, den der Papst mit der Aufstellung beauftragt hatte, vor einer schwierigen Aufgabe. Überdies schien ihm die Arbeit seines Ruhmes gar nicht würdig. Er war eben aus Paris, vom Hof des Sonnenkönigs Ludwig XIV., zurückgekehrt, wo man ihn mit Ehren überhäuft und wo ihn das Volk bestaunt und ihm gehuldigt hatte, so daß er sich selbst als ein Wundertier, als einen „elefante" verspottete. Und nun hatte man dem Wundertier diesen kleinen Obelisken aufgeladen ..."

Da kam ihm der rettende Einfall, den Auftrag genauso in die Wirklichkeit umzusetzen: Er lud den Obelisken einem Elefanten auf!

Die Römer fanden auch gleich einen Namen für

den drolligen kleinen Kerl und nannten ihn „das Küken der Minerva".

1946 wäre er übrigens beinahe gestohlen worden. Ein paar findige Amerikaner stellten fest, daß er sich besonders gut als „Souvenir" eignen würde. Eines Mittags, zur Stunde, da ganz Rom seine Siesta hält, erschien ein amerikanischer Lastwagen, und ein Trupp Arbeiter begann, in aller Eile das Denkmal abzubauen. Glücklicherweise schöpfte der Portier eines der umliegenden Hotels Verdacht und benachrichtigte die Polizei, bei deren Erscheinen die Andenkensammler die Flucht ergriffen, ohne das „Küken" mitgenommen zu haben.

Der Obelisk vor dem Lateranpalast kann auf eine ziemlich bewegte Vergangenheit zurückblicken. Fast die Hälfte seines langen Lebens von vier Jahrtausenden hat er in Ägypten gestanden. Thutmosis IV., jener Pharao, der als erster eine ausländische Prinzessin heiratete, ließ ihn im 14. Jahrhundert vor Christus vor dem Amon-Tempel in Theben aufstellen. Hier erlebte der Stein die letzte Blütezeit Ägyptens unter den Ramessiden und die Jahrhunderte des Niedergangs. Er überstand die Herrschaft der Äthiopier, Assyrer, Perser, der Diadochen und beinahe auch die der Römer. Gerade im letzten Augenblick, im Jahr 337 n. Chr., ließ ihn Kaiser Konstantin abmontieren und bestimmte ihn für seine neue Reichshauptstadt am Bosporus, das nach ihm benannte Konstantinopel.

Da aber starb der Kaiser, und sein Sohn Konstans, dem die Herrschaft über Italien zugefallen war, dirigierte das Schiff sogleich nach Rom um. Der riesige Steinblock erreichte glücklich Ostia, wurde tiberaufwärts geschleppt und dann erst einmal für ein paar Jahre am Rand des Circus Maximus liegengelassen. Schließlich, als Konstans längst gestorben war, stellten die Römer den Obelisken endlich auf. Irgendwann aber in den folgenden Jahrhunderten stürzte er um und zerbrach in drei Stücke, die im Lauf der Zeit mehr als einen Meter tief in den Erdboden versanken. In der Renaissance, als Obelisken in Rom wieder Mode wurden, befahl Sixtus V., ihn auszugraben und vor dem Lateranpalast neu aufzustellen. Dabei bemerkte man, daß der Obelisk bei einer Feuersbrunst, sei es bei der Plünderung Roms durch die Goten Alarichs, sei es bei einem Normanneneinfall, schwer beschädigt worden war, und man mußte deshalb von der Basis vierzig Zentimeter absägen. Die Aufstellungsarbeiten kosteten dem Papst 24716 Skudi, das entspricht 123580 Goldmark.

PALAZZO MADAMA

Der Palazzo Madama, ein schwerer Barockbau am Corso del Rinascimento, diente den Medici aus Florenz als römische Residenz. Seinen Namen aber erhielt er nach der „Madama" Margarete von Österreich, der natürlichen Tochter Kaiser Karls V. und der flämischen Bäuerin Johanna van der Gheynst. Im Alter von vierzehn Jahren hatte Margarete Alessandro de Medici, einen verrufenen Wüstling, heiraten müssen. Sieben Monate nach der Hochzeit ereilte Alessandro das gleiche Schicksal, das er so vielen zugefügt hatte: Er wurde ermordet. Die arme Margarete mußte zwei Jahre später als Sechzehnjährige nach dem Willen ihres kaiserlichen Vaters erneut heiraten, diesmal den fünfzehnjährigen Ottavio Farnese, gegen den sie eine heftige Abneigung hegte.

Mit dieser Heirat ging der Palast zeitweilig in den Besitz der Familie Farnese über, die sich wenig rücksichtsvoll gegen die bisherigen Bewohner erwies und die alte Schwester des verstorbenen Papstes Leo X. aus dem Hause Medici, die noch dort wohnte und sich gegen eine Ausquartierung sträubte, „a mano militari" – gewaltsam – auf die Straße setzte.

Damit hatte aber Margarete nichts zu tun. Sie wurde im Gegenteil wegen ihrer Güte und Liebenswürdigkeit vom römischen Volke verehrt. Ihr Name verblieb dem Palast und erinnert heute noch an jene Frau, die später von ihrem Stiefbruder Philipp II. zur Regentin der Niederlande ernannt wurde und dort acht Jahre mit weiser Mäßigung regierte, bis sie der grausame Herzog Alba ablöste. Goethe, der ihr im „Egmont" ein Denkmal setzte, wohnte während seines römischen Aufenthaltes nur ein paar hundert Meter vom Palazzo Madama entfernt.

SANT'AGOSTINO

Als Raffael sich mit seinem Auftraggeber nicht über den Wert eines Freskos in der Kirche Sant' Agostino einigen konnte, das den Propheten Jeremias darstellt, bat er Michelangelo diesmal selbst um ein Gutachten. Dieser betrachtete das Bild nur kurz und erklärte, das nackte Knie des Propheten sei mehr wert als die ganze von Raffael geforderte Summe.

Tatsächlich soll nach Aussagen von Zeitgenossen gerade dieses Fresko besonders schön gewesen sein, aber leider ist fast nichts mehr davon erhalten, denn ein allzu eifriger Sakristan bearbeitete es, um den Schmutz zu entfernen, ausgerechnet mit Bürsten, Seife und Säuren.

SANTA MARIA DELL'ANIMA

Die wechselvollen Geschicke der deutschen Nationalkirche Santa Maria dell'Anima in Rom würden allein ein ganzes Büchlein füllen. So läßt sich nur auf das eine oder andere Ereignis hinweisen. Kaum ein Besucher dürfte zum Beispiel wissen, daß die Kirche vor zweihundertfünfzig Jahren für einige Zeit mit dem päpstlichen Interdikt belegt war.

Der Grund für diese im Rom des 18. Jahrhunderts mehr als außergewöhnliche Maßnahme ist in der Auseinandersetzung zwischen dem Papst und dem kaiserlichen Hof in Wien zu suchen. Als Papst Klemens XI. (1700–1721) wegen Spannungen mit den Habsburgern die alten Vorrechte der Kirche und der ihr angeschlossenen deutschen Stiftung aufheben und dort Steuern eintreiben ließ, weigerten sich die Verwalter zu zahlen, denn, wie ein Historiker so schön feststellte, in Geldsachen hörte bei der deutschen Stiftung nicht nur die Gemütlichkeit, sondern auch der kindliche Gehorsam vor den Geboten des Heiligen Vaters auf. Da dem Kaiser als Schutzherrn von Kirche und Stiftung gewisse Rechte zustanden, unterstützte sein Botschafter in Rom die Weigerung der Verwalter, stritt dem Papst das Visitationsrecht ab und ließ zur wirksamen Verhinderung einer solchen Visitation die Kirche einfach schließen. Als der Papst Ende Februar 1706 ihre Öffnung forderte, erklärte der Botschafter, dem Wunsch nicht nachkommen zu können, da er die Schlüssel am Abend zuvor nach Wien gesandt habe. Das war zuviel des Ungehorsams, und so griff Klemens XI. zur schärfsten Waffe des Papsttums und verhängte über die Anima den Kirchenbann. Wien mußte schließlich nachgeben, und am 1. Mai des gleichen Jahres waren die Schlüssel plötzlich wieder da, die Pforte wurde geöffnet, das Interdikt zurückgezogen und dem päpstlichen Visitationsrecht keinerlei Schwierigkeiten mehr in den Weg gelegt.

An einem Julisonntag des Jahres 1712 erlebten die Besucher des Gottesdienstes in der Anima-Kirche eine merkwürdige Überraschung. Eine deutsche Nonne bestieg die Kanzel, predigte und erteilte sogar den Segen. Der Sakristan verhinderte ihren Auftritt nicht, da der Beschützer der Nonne, der kursächsische Geschäftsträger beim Heiligen Stuhl, ein Domherr Schenk, ausdrücklich erklärt hatte, es geschehe alles mit Wissen und Einverständnis des Papstes.

Doch als Klemens XI. in Wirklichkeit von dem unerhörten Vorfall erfuhr, bezeichnete er ihn als einen Skandal und ließ die vorlaute Vertreterin des Frauenrechts verhaften. Die römischen Gerichte merkten wohl bald, wes Geistes Kind sie vor sich hatten, denn sie ersparten ihr einen Prozeß und schoben sie einfach nach Deutschland ab.

Die Piazza Navona. Blick von Süden nach Norden, im Vordergrund die Fontana del Moro, links die von Borromini erbaute Kirche S. Agnese, in der Mitte der berühmte Vier-Flüsse-Brunnen Berninis. Der Platz war nicht

gepflastert und mag daher nach einem Wassercorso einen ausgesprochenen Morast gebildet haben.

Der unvorsichtige Domherr wurde von seinen kirchlichen Ämtern enthoben, nach zwei Monaten jedoch wieder in Gnaden aufgenommen, da man ihm, wie es hieß, keine andere Verfehlung nachweisen konnte als „ungewöhnliche Einfalt".

SANTA MARIA DELLA PACE

Die Kirche Santa Maria della Pace steht an der Stelle einer kleinen, verwahrlosten Kapelle Santa Maria degli Aquarechiari. Die Gegend hatte ihren Namen „degli Aquarechiari" von den Wasserträgern, die dort wohnten, und galt als ein besonders anrüchiges Viertel, ja geradezu als ein Verbrechermarkt, denn in dem Labyrinth der engen Gäßchen lebte lichtscheues Gesindel, das sich zu jeder Untat verkaufte. Einmal bewarf ein Gottloser das alte Madonnenbild in Santa Maria degli Aquarechiari, dem selbst das verrufene Volk des Viertels noch seine Achtung bezeugte, mit einem Stein. Das Bild begann zu bluten, und das Wunder hielt ganz Rom in Atem. Papst Sixtus IV. begab sich mit den Kardinälen zur Wunderstätte und gelobte hier den Bau einer großen Kirche, wenn die Madonna Italien, das vom Krieg heimgesucht wurde, den Frieden schenkte. Als 1482 der Friede geschlossen wurde, ließ der Papst durch B. Pontelli die neue Kirche zu Ehren der „Friedensmaria" erbauen, deren wundertätiges Bild noch heute auf dem Hochaltar verehrt wird.

Für diese Kirche malte Raffael im Auftrage des Bankiers Agostino Chigi einige Propheten, Sibyllen und Engel. Der Schatzmeister des Bankiers zahlte ihm dafür fünfhundert Skudi, rund zweitausendfünfhundert Goldmark. Raffael aber meinte, daß er mit dieser Summe keineswegs ausreichend entlohnt worden wäre, und forderte eine Nachzahlung. Der Schatzmeister seinerseits weigerte sich und wollte die Malereien lieber abschätzen lassen, als freiwillig auch nur einen Skudo zuzulegen. Da er Michelangelo nicht nur als Fachmann zu schätzen wußte, sondern im stillen auch hoffte, dieser würde die Arbeit seines Konkurrenten entsprechend niedrig einschätzen, bat er ihn mehrfach, sich doch die Malereien anzusehen.

Schließlich willigte Michelangelo ein und begab sich zusammen mit dem Schatzmeister zu der Kirche. Dort stand er lange Zeit in Gedanken versunken vor der Arbeit des Urbinaten. Dann aber wandte er sich zu seinem Begleiter, zeigte auf den Kopf einer Sibylle und brummte: „Dieser ist hundert Skudi wert!" „Und die anderen?" erkundigte sich der Schatzmeister, der schon hoffen mochte, daß die Schätzung für ihn günstig abliefe. „Die anderen nicht weniger", antwortete Michelangelo und verließ die Kirche.

Die ganze Angelegenheit kam Agostino Chigi zu Ohren; dieser ließ seinen Schatzmeister rufen und erklärte ihm lachend: „Bring rasch noch fünfhundert Skudi zu Raffael für die restlichen fünf Köpfe. Hoffentlich gibt er sich damit zufrieden, denn wenn er auch noch die Kleider bezahlt haben wollte, wäre das bestimmt unser Ruin."

PIAZZA NAVONA UND SANT'AGNESE

Die Ausgrabungen der letzten Jahrzehnte haben endgültig bewiesen, daß die Piazza Navona über den Ruinen eines Stadions liegt, das einst Kaiser Domitian errichten ließ. Unter den Bögen, die die abgestuften Sitzreihen trugen, hausten kleine Kaufleute und Handwerker, aber auch die armseligen Freudenmädchen, die man nach diesen Bögen, den Fornices, „Fornicatrices" nannte.

Nach einer Legende brachte man im Jahre 304 ein unschuldiges dreizehnjähriges Mädchen aus einer vornehmen römischen Familie hierher. Agnes, wie sie hieß, war mit ganzer Seele Christin und hatte beschlossen, ihr Leben dem Herrn zu weihen. Deshalb weigerte sie sich auch, den Sohn eines hohen Richters zu heiraten. Es war während der Zeit der Christenverfolgung, und der Richter ließ sogleich die Jungfrau vor sich bringen, schmeichelte ihr erst, dann aber drohte er und befahl schließlich, entweder sollte Agnes im Tempel der Vesta opfern oder zu den öffentlichen Sünderinnen unter den Circus des Domitian gehen. Als sie sich dennoch weigerte, das Opfer zu vollziehen, gebot der Richter, sie zu entkleiden. Wunderbarerweise aber wuchsen ihre Haare so dicht, daß sie ihren Leib wie ein Kleid bedeckten. So schleppten sie die Häscher zu den Fornices, wo sie sogleich der junge Sohn des Richters aufsuchen wollte. Kaum aber hatte er versucht, sie zu berühren, fiel er tot zu ihren Füßen nieder. Doch Agnes erfaßte Mitleid mit dem jungen Mann, und sie bat Gott, ihn wieder zum Leben zu erwecken. Der Herr erfüllte ihr die Bitte, und da ihr erster Richter sie nun nicht mehr anzuklagen wagte, verurteilte sie ein anderer sogleich als Hexe und ließ sie in ein Feuer werfen, das sich aber teilte und auf das tobende Volk fiel. Dann mußte ihr ein Soldat das Schwert in die Kehle stoßen.

An der Stelle ihres Todes errichteten die Christen wenige Jahre danach eine kleine Kirche. Zwei Kapellen davon sind heute noch unter dem Altar der prächtigen Barockkirche Sant'Agnese erhalten, die Papst Innozenz X. später zu Ehren der Heiligen hier erbauen ließ.

Wohl nur die wenigsten Besucher der Kirche Sant'Agnese bemerken im Innern über der Eingangstür das bescheidene Grabmal Innozenz' X., das so gar nicht dem Wesen dieses kunstliebenden Papstes entspricht, des Erbauers der herrlichen Villa Pamphili. Und doch mahnt es eindringlicher als viele andere Denkmäler an die Vergänglichkeit aller Dinge. Ja, mehr vielleicht noch als jenes kleine, rasch verglimmende Bündel Werg, das während der feierlichen Krönungszeremonie dem neuen Papst mit den Worten „Heiliger Vater, so vergeht der Ruhm der Welt!" als düstere Mahnung entgegengehalten wird.

Ist doch kein Papst der Neuzeit nach seinem Tod mit so schnödem Undank behandelt worden wie gerade Innozenz X. Noch während er im Sterben lag, plünderte seine Schwägerin Donna Olympia, die er während seiner Regierung immer wieder ausgezeichnet und mit Reichtümern überschüttet hatte, seine Privatgemächer aus. Dieselbe Donna Olympia lehnte es aber nach dem Tod des Papstes am 7. Januar 1655 mit der scheinheiligen Behauptung, sie sei eine arme

Witwe, ab, die üblichen Särge aus Holz und Blei zu bezahlen. Auch keiner der anderen reichen Verwandten kümmerte sich nun um den Toten. So stand die Leiche mehrere Tage in einem feuchten Winkel der Sakristei von St. Peter, wo die Bauarbeiter ihre Kleider und ihr Handwerkszeug hinterlegten. Nur zwei Unschlittkerzen, die eine mitleidige Seele gespendet hatte, brannten an der Bahre. Endlich zahlte ein Kanonikus der Peterskirche einen halben Skudo, für den sich Leichenträger fanden, die den Toten in ein paar ärmliche Gewänder hüllten und bestatteten.

Erst Jahre später wurden die sterblichen Überreste nach Sant'Agnese übergeführt, wo sie ihre bescheidene Ruhestätte fanden. Kardinal Pallavicino sprach damals erschüttert die Worte: „Das ist eine ernste Lehre für Päpste, welche Dankbarkeit sie von ihren Verwandten erwarten können."

Den Mittelpunkt der Piazza Navona bildet die große „Fontana dei Fiumi", der originelle „Brunnen der Flüsse", ein Meisterwerk Berninis. Ursprünglich stand an dieser Stelle ein ganz einfacher Brunnen, der aber Papst Innozenz X. nicht mehr genügte. Deshalb beauftragte er einige Künstler, einen neuen, viel großartigeren zu entwerfen. Bernini, damals beim Papst in Ungnade, wurde nicht aufgefordert, einen Plan einzureichen, im Gegenteil, er hatte keine Chance, überhaupt bis zum Papst vorzudringen. Doch als kluger Kopf fand er einen Ausweg. Er entwarf einen Brunnen, führte das Modell in Silber aus und ließ es zuerst einmal der bereits erwähnten Schwägerin des Papstes, Donna Olympia, überreichen, deren Vorliebe für kostbare Geschenke ganz

Rom kannte. Und Donna Olympia zeigte sich tief beeindruckt, sowohl von der Schönheit des Modells wie von dem kostbaren Geschenk an sich. Sie fand auch tatsächlich einen Weg, um dem Papst das Modell vorzuführen, indem sie es einfach auf einem Tisch in einen Saal stellte, durch den Innozenz X. gehen mußte, wenn er bei ihr zu Gast war.

Natürlich blieb der Papst sogleich davor stehen, betrachtete es lange und sagte dann zu seiner Schwester: „Dieser Entwurf kann von niemand anderem sein als von Bernini. Wir aber werden den Künstler wieder beschäftigen müssen, auch wenn andere es nicht wünschen, denn wer seine Entwürfe nicht ausführen lassen will, darf sie nicht gesehen haben." Er ließ den Künstler sogleich in den Palast rufen, wo er ihm mit huldvollen Worten den Auftrag gab, den Brunnen zu schaffen.

Der Bau des Brunnens brauchte viel Zeit und verschlang erhebliche Summen. Prompt schimpfte daraufhin Pasquino:

„Noi volemo altio che guglie e fontane:
Pane volemo, pane, pane!
Wir wollen anderes als Obelisken und Brunnen:
Brot wollen wir, Brot, Brot!"

Am 8. Juni 1651 wollte der schon recht ungeduldige Papst das Werk endlich besichtigen. Er hatte an der Fronleichnamsprozession teilgenommen und begab sich sodann zu der Baustelle, wo er die Statuen sehr genau betrachtete. Dann äußerte er seine Zufriedenheit. Da er aber wußte, daß Bernini große Schwierigkeiten gehabt hatte, um das Wasser zu beschaffen, wandte er sich mit der ironischen Bemerkung an ihn: „Das ist alles sehr schön, aber Wir sind gekommen, um einen Brunnen zu betrachten, und sehen kein Wasser."

Auf diesem Einwand hatte Bernini gewartet und erklärte nun dem enttäuschten Papst, die Arbeit sei noch lange nicht fertig. Innozenz glaubte im stillen schon, daß die Gegner Berninis recht hätten mit der Behauptung, daß die Berechnungen des Künstlers falsch wären und Bernini nicht imstande wäre, das Wasser der Trevi-Kanäle in den Brunnen zu leiten, und wandte sich zum Gehen. Doch er hatte noch nicht den Ausgang des Bretterverschlages erreicht, da hörte er zu seiner großen Überraschung hinter sich das Wasser rauschen und springen. Bernini überspielte mit seinem geschickt abgepaßten Coup seine Gegner und sicherte sich das Wohlwollen des Papstes erneut.

Es gibt aber noch eine andere Geschichte von diesem Brunnen. Bernini und sein ehemaliger Schüler Borromini, so heißt es, seien zerstritten gewesen, und als letzterer die Fassade von S. Agnese vollendet hatte, kritisierte Bernini das Werk heftig und verlieh seiner Ablehnung deutlichen Ausdruck, indem er zwei Figuren seines Brunnens abwehrend die Hände gegen die Kirche ausstrecken, die dritte sogar schaudernd ihr Haupt bedecken ließ. Borromini aber erhoffte sich Rache und Genugtuung, denn er hatte zufällig erkannt, daß die Berechnungen seines ehemaligen Lehrers einen Fehler enthielten und der Brunnen daher bei der Einweihung gar kein Wasser spenden konnte. Leider behielt er seine Erkenntnisse nicht für sich, und so erfuhr wiederum Bernini davon, der aber den Fehler trotz eifrigster Suche nicht ent-

)as sogenannte „Haus des Cola di Rienzo". Die Überreste dieses an der Nordseite der ˀiazza Bocca della Verità gelegenen Hauses, die manchmal auch als „Haus des Pilatus" ·ezeichnet werden, gehörten zu einem Palast des Nicolaus Crescentius aus dem späten 'littelalter.

Die Via della Greca (Ausschnitt). Der Blick geht nach Westen zur Piazza Bocca della Verità. Rechts die Rückseite und der Glockenturm der Kirche S. Maria in Cosmedin.

decken konnte. Da half ihm einer seiner Schüler, der die ältliche Haushälterin Borrominis so lange hofierte, bis sie ihm Einblick in die Aufzeichnungen ihres Herrn gewährte. Bernini konnte den Fehler berichtigen, und am Einweihungstag strömte das Wasser des Brunnens. – So erzählen die Römer, aber die Geschichte hat einen kleinen Haken: Berninis Brunnen stand bereits, als 1652 mit dem Neubau von S. Agnese begonnen wurde.

Die Figur des La Plata an Berninis Brunnen gefiel Papst Innozenz X. so gut, daß er gleich noch einen „Wilden“ bei dem Künstler bestellte. Bernini zeichnete daraufhin einen Mohren, der mit einem Delphin kämpft, und übertrug die Ausführung der Figur seinem Schüler Mari. „Il Moro – der Mohr“, wie ihn der Volksmund bald nannte, fand seine Aufstellung in einem kleinen Brunnen auf der Südseite der Piazza Navona. Gelegentlich wurde er zum Mittelpunkt einer wenig schönen Szene, denn hier stellten die Gerichte Verbrecher zur Schau, und ein Plakat besagte, für welche Untaten sie ihre Strafe erhielten. Hatten sich genug Neugierige um den jeweiligen Delinquenten versammelt, gaben die Henkersknechte mit einem Horn ein Signal und verabfolgten ihm dann angesichts des sensationslustigen Publikums fünfundzwanzig bis fünfzig Rutenstreiche. Die Zuschauer amüsierten sich gewöhnlich bei dem Schauspiel vortrefflich und feuerten oft genug die Knechte noch durch Zurufe bei ihrem Werk an.

Als das die Jesuiten merkten, nutzten sie das makabre Schauspiel auf ihre Weise, errichteten neben Berninis großem mittleren Brunnen eine Estrade, verwiesen auf das schlechte Beispiel und zeigten den Anwesenden, wohin Verbrechen führten.

Auf der Piazza Navona wurde in den heißen Sommermonaten im 18. und 19. Jahrhundert an jedem Samstag und Sonntag der berühmte Wassercorso abgehalten. Die Römer fanden auch bald einen Namen dafür und nannten ihn „el lago di Piazza Navona – den See des Navona-Platzes“. Man verstopfte einfach die Abflußrohre der drei Brunnen und leitete ihr Wasser auf den Platz, der innerhalb von zwei Stunden überschwemmt wurde. In diesem natürlich recht flachen See fuhren dann die vornehmen Römer mit ihren Kaleschen spazieren, während sich auf den Balkonen und an den Fenstern der umliegenden Häuser zahlreiche Zuschauer an dem Anblick vergnügten. Daneben gab es aber hier noch ein anderes Vergnügen, die „Corse del Fantino“, die Jockey-Rennen, die sich von den üblichen Pferderennen nur durch die etwas kleinere Bahn unterschieden. Eines der letzten Rennen hielt man zu Ehren des Besuches von Kaiser Franz Joseph I. von Österreich ab. Für die Römer wurde dieses Rennen zu einem Volksfest, und sie strömten in Scharen herbei, weniger um den österreichischen Kaiser zu sehen, der sich bei den Italienern sowieso keiner allzu großen Beliebtheit erfreute, sondern weil an dem Rennen ein siebenjähriger Knabe als Jockey teilnahm, der unbedingt den großen Preis gewinnen wollte. An Stelle einer Geldsumme durfte sich der Sieger nämlich eine Anstellung bei der Regierung oder eine Begnadigung ausbitten. Dem kleinen Reiter aber ging es um die Befreiung seines Vaters, der im Streit einen Menschen erschlagen hatte und dafür zu lebenslänglicher Haft verurteilt worden war. So etwas sprach sich natürlich bei den kinderlieben Römern herum, und gespannt warteten sie den Ausgang des Rennens ab. Tatsächlich siegte der Knabe, die anderen Reiter dürften ihm den Sieg nicht allzu schwer gemacht haben. In der Loge des Kaisers wurde dem jugendlichen Sieger unter dem Jubel der Menge dann auch wirklich die Freilassung des Vaters bewilligt.

SANT'ANDREA DELLA VALLE

Die Kirche Sant'Andrea della Valle wurde 1591 von Olivieri begonnen und dann von Maderna weitergeführt. Bei dessen Tod war die Fassade noch nicht beendet. Diese Arbeit übernahm Carlo Rainaldi, doch fanden die Pläne Madernas nicht seine Zustimmung. Die Fassade erschien ihm zu hoch und zu schmal, und er glaubte, jedermann hätte das Gefühl, die Kirche müßte im nächsten Moment einstürzen. Deshalb stellte er oben, auf der linken Seite der Fassade, eine große Engelsgestalt auf, deren einer Flügel weit ausgebreitet die sinkende Mauer zu stützen scheint.

Im Innern ist die erste Kapelle an der rechten Seite, die Cappella Attavanti, der Schauplatz des ersten Aktes von Puccinis berühmter Oper „Tosca". Außerdem findet man noch am Ende des Langhauses die Wandgräber zweier Päpste, von denen das linke jenem Pius II. gehört, der als der bekannte Humanist Aeneas Silvius Piccolomini eine Biographie des Kaisers Friedrich III. (1440–1498) verfaßte.

LARGO ARGENTINA

Der Largo Argentina, einer der verkehrsreichsten Plätze Roms, hat nichts mit Argentinien zu tun. Er verdankt seinen Namen einem Deutschen, dem päpstlichen Zeremonienmeister Johannes Burkard aus Haslach bei Straßburg. Burkard kam 1481 im Gefolge des Bischofs von Straßburg nach Rom und erwarb hier zwei Jahre später für viertausendfünfhundert Golddukaten, das sind nach heutigem Geld mindestens sechzigtausend Mark, das Amt des päpstlichen Zeremonienmeisters. Diese ziemlich hohe Kapitalsanlage hat sich übrigens recht gut gelohnt, denn auf Grund seines Amtes wurde Burkard Bischof und erhielt eine feste Pfründe, die es ihm bald ermöglichte, in der Via del Sudario ein Haus im sogenannten deutschen Renaissancestil und in nächster Nähe einen Turm zu erbauen, der Torre Argentina genannt wurde, nach der Heimat Burkards; denn „Argentoratum“ ist der lateinische Name für Straßburg.

Der Turm steht heute noch am Largo Argentina und erinnert so an den Zeremonienmeister, der einerseits wegen seines Reichtums berühmt wurde, dann vor allem aber auch wegen seines Diariums, eines Tagebuches, in dem er alle ärgerniserregenden Geschichten über Papst Alexander VI. (Borgia) und dessen Familie vermerkt hat. Wenn auch der sittliche und literarische Wert des Tagebuches nicht allzu hoch eingeschätzt werden kann, so dient es doch als wichtige Quelle für die Geschichte des päpstlichen Hofes. Kurz vor seinem Tod leitete Burkard – als Höhepunkt seiner Laufbahn – noch die Grundsteinlegung des neuen Petersdomes durch Papst Julius II.

Der recht neidische und mißgünstige Zeremonienmeister konnte übrigens seinen Helfer, den Kanonikus Grassi, in dem er seinen Nachfolger sah, nicht ausstehen und spielte ihm noch nach dem Tod einen bösen Streich. Er hatte Grassi nämlich nicht in die zahllosen Geheimnisse seines Amtes eingeweiht und alle Aufzeichnungen über das Zeremoniell in so seltsamen Zeichen abgefaßt, „daß weder der Teufel noch die Sibylle imstande gewesen wäre, sich in diesem Chaos zurechtzufinden". Nur mühsam konnte Grassi mit Hilfe älterer Werke sich einarbeiten. Die Erinnerung an Burkard erlosch bald, sein wenig bekannter Name aber blieb durch sein Haus für immer mit der Ewigen Stadt verbunden.

Das Teatro Argentina auf der Westseite des Largo Argentina ist eines der ältesten noch bestehenden römischen Theater. Hier fand 1816 die Erstaufführung des „Barbiers von Sevilla" von Gioachino Rossini statt. Die Premiere stand von vornherein unter einem unglücklichen Stern. Zunächst trug Rossini einen baumwollenen Rock, dessen Farbe, als er im Orchester erschien, allgemeine Heiterkeit erregte. Dann passierte es dem Sänger des Almaviva, daß seiner Gitarre gerade in dem Moment, da er unter Rosines Fenster zu singen anhob, alle Saiten sprangen. Auch diesen Vorfall quittierte das Parkett natürlich mit schallendem Gelächter, das sich noch verstärkte, als Figaro das gleiche Mißgeschick erlitt. Und als Basilio bei seinem Auftritt auf die Nase fiel und das Blut über seinen weißen Kragen lief, übertönte das Gejohle die Musik.

Rossini verließ fluchtartig das Theater und schloß

sich in seiner Wohnung ein. Am nächsten Tage wagte er sich gar nicht zu der zweiten Aufführung. Um Mitternacht vernahm er einen furchtbaren Tumult auf der Straße und hörte laute Rufe: „Rossini, Rossini!" Er meinte, seine Oper wäre noch ärger ausgepfiffen worden und die erregte Menge käme, um ihn zu verprügeln. Böse Zungen behaupten, der Maestro sei vor Schreck unter sein Bett gekrochen.

Man klopfte an seine Tür, rief immer wieder seinen Namen. Rossini aber zitterte am ganzen Leib und wagte nicht zu antworten. Da kam endlich einer auf den Einfall, der Maestro könnte Angst haben. Er legte sich auf den Bauch und rief durch das Katzenloch: „Rossini, mach auf! Dein Stück hat einen Bombenerfolg. Wir wollen dich abholen!"

Obgleich der Komponist immer noch an einen schlechten Scherz glaubte und mit Prügeln rechnete, stellte er sich doch so, als ob er gerade aufwachte, und öffnete die Tür. Sofort ergriff ihn die Menge und trug ihn im Triumphzug in das Teatro Argentina, wo der „Barbier" in der zweiten Vorstellung tatsächlich ein Riesenerfolg geworden war. Fackelträger erfüllten den Platz vor dem Theater und brachten Rossini eine stürmische Huldigung dar. Und noch die ganze Nacht hindurch feierten die enthusiastischen römischen Musikliebhaber den ungeheuren Erfolg.

KURIE DES POMPEJUS

Zwischen dem Campo dei Fiori und dem Largo Argentina lag einst auch die Kurie des Pompejus, jener Ort, an dem Julius Caesar ermordet wurde. An dem denkwürdigen Märztag des Jahres 44 v. Chr. nahm man gerade im eigentlichen Senatsgebäude auf dem Forum Umbauarbeiten vor, und so trat der Senat in der Kurie des Pompejus zusammen, einem Gebäude, das neben dem neuen Theater auf dem Marsfeld von Pompejus, dem großen Gegner Caesars, errichtet worden war. Caesars Gattin Calpurnia hatte von einem furchtbaren Unheil geträumt und ihn daher zu überreden versucht, der Sitzung des Senats fernzubleiben. Für einen Augenblick zögerte Caesar, für einen Augenblick lag sein Schicksal auf der Waage. Inzwischen warteten die Verschwörer mit den Dolchen unter der Toga schon in der Kurie, doch als Caesar nicht kam, bemächtigte sich ihrer die Angst. Sie befürchteten, die Verschwörung wäre verraten, aber sie waren entschlossen, alles auf eine Karte zu setzen, und sandten Decimus Brutus aus, um sich nach dem Verbleib Caesars zu erkundigen.

Und dann nahte Caesar. Unterwegs war er noch dem Wahrsager Spurinna begegnet, der ihn vor den Iden des März gewarnt hatte. Ironisch stellte der Feldherr fest: „Die Iden des März sind ja nun doch ohne Schaden für mich gekommen.“ Und die Antwort: „Noch aber sind sie nicht vorüber!“ Hier nun, in dem Haus, das sein großer Gegner errichtet hatte, erfüllte sich Caesars Schicksal. Von dreiundzwanzig Stichen getroffen, brach er am Fuß der Statue des Pompejus zusammen. Seine letzte Sorge war es, sich schicklich mit der Toga zu bedecken, bevor er auf den Marmorfliesen der Kurie und vor den Augen der Senatoren verschied.

Niemand weiß heute die Stelle, wo es geschah. Sie liegt irgendwo unter den Straßen, über die der Verkehr der Millionenstadt pulsiert. Auch das ist ein Symbol für das Ewige Rom.

CANCELLERIA

Der prächtige Palast der Cancelleria am Corso Vittorio Emanuele, die einst als die wichtigste Behörde des Kirchenstaates galt, weil dort der Kanzler, der erste Minister des Papstes, residierte, verdankt seine Entstehung der Spielleidenschaft des jungen Kardinals Riario. Dieser, ein Neffe des kriegerischen Papstes Sixtus IV., nahm angeblich dem Francesco Cibo, einem Sohn des späteren Papstes Innozenz VIII., in einer Nacht beim Spiel sechzigtausend Skudi ab und ließ von diesem Geld in den Jahren zwischen 1483 und 1511 den Palast erbauen. Allerdings konnte sich die Familie Riario nicht allzulange daran erfreuen, denn da einige ihrer Mitglieder an einer Verschwörung gegen den Papst teilnahmen, ließ Leo X. das Gebäude schon wenige Jahre nach der Fertigstellung beschlagnahmen und brachte die kirchliche Kanzlei darin unter. Im großen Sitzungssaal des Palastes malte der durch seine Künstlerbiografien bekannt gewordene Vasari Fresken mit Szenen aus dem Leben Papst Pauls III. Er rühmte sich danach überall, diese Malereien in hundert Tagen

uf der Piazza San Pietro in Vincoli. Blick von der Kirche nach Westen. Rechts der erkwürdige Glockenturm der Kirche San Francesco di Paola dei Calabresi, der aus nem mittelalterlichen Geschlechtertum hervorgegangen ist. Im Hintergrund die beihmte einzelne Palme des Platzes.

Fontana del Tritone auf der Piazza Barberini (Ausschnitt). Blick nach Westen auf die Via del Tritone, links erkennt man gerade noch den Giebel des Hauses, das H. Ch. Andersen als Geburtshaus seines Helden im „Improvisator" wählte. Der Brunnen im Vordergrund stammt von Bernini und zeigt einen Triton, der auf einer von vier Delphinen getragenen Muschelschale sitzt und aus einer Schneckenmuschel Wasser in die Höhe bläst.

vollendet zu haben. Als Michelangelo davon erfuhr, meinte er nur: „Si vede bene – das sieht man deutlich!"

Im Jahre 1848 wurde die Cancelleria zum Schauplatz eines politischen Mordes. Der als reformfreudig bekannte Papst Pius IX. hatte in diesem europäischen Revolutionsjahr auch im Kirchenstaat zwei vom Volk erwählte Deputiertenkammern einberufen und bestimmte die Cancelleria zu ihrem Tagungsort. Als liberalen Innenminister ernannte er den Grafen Pellegrino Rossi, einen feinsinnigen und sehr gelehrten Mann.

Aber die ausgesprochenen Republikaner glaubten, sich mit diesem Zugeständnis noch nicht zufrieden geben und nur durch einen Gewaltakt die Macht an sich reißen zu können. Als der neue Minister am 1. November zur Deputiertenkammer in der Cancelleria kam, wurde er vor den Stufen der großen Treppe rechts vom Haupteingang des Palastes von einer Gruppe republikanischer Verschwörer umzingelt, und einer von ihnen stieß ihm den Dolch in den Hals. Dann trugen sie ihn die Treppe hinauf in die Wohnung des Kardinals Bazzoli, wo er wenige Augenblicke später verschied. In der Kirche San Lorenzo in Damaso wurde ihm ein Denkmal gesetzt.

Der Mord war der Beginn eines regelrechten Aufstandes. Pius IX. sah sich gezwungen, mit Unterstützung des Bayerischen Gesandten Rom heimlich zu verlassen. In der Cancelleria proklamierte man die römische Republik, die, wie alle politischen Gebilde des achtundvierziger Jahres, nur von kurzem Bestand sein sollte.

SANTA MARIA IN VALLICELLA

Die Kirche Santa Maria in Vallicella an der Piazza della Chiesa Nuova, birgt links vom Chor das Grab des Filippo Neri, eines der liebenswürdigsten Heiligen der katholischen Kirche. Die Römer verehren in ihm ihren Volksheiligen und nennen ihn nur „il Santo". Von seiner weltaufgeschlossenen Art und seinem oft recht kräftigen Humor zeugt manche Anekdote. Eine besonders nette hat Goethe, der ihn den „humoristischen Heiligen" nennt, in einer Studie in der „Italienischen Reise" überliefert.

„Dem Heiligen Vater war angekündigt, in einem Kloster auf dem Lande tue sich eine wunderwirkende Nonne hervor. Unser Mann erhält den Auftrag, eine für die Kirche so wichtige Angelegenheit näher zu untersuchen; er setzt sich auf sein Maultier, das Befohlene zu verrichten, kommt aber schneller zurück, als der Heilige Vater es erwartet. Der Verwunderung seines geistlichen Gebieters begegnet Neri mit folgenden Worten: ‚Heiligster Vater, diese tut keine Wunder, denn es fehlt ihr an der ersten christlichen Tugend, der Demut; ich komme durch schlimmen Weg und Wetter übel zugerichtet im Kloster an, ich lasse sie in Eurem Namen vor mich fordern, sie erscheint, und ich reiche ihr statt des Grußes den Stiefel hin, mit der Andeutung, sie solle mir ihn ausziehen. Entsetzt fährt sie zurück, und mit Schelten und Zorn erwidert sie mein Ansinnen; für was ich sie halte, ruft sie aus, die Magd des Herrn sei sie, aber nicht eines jeden, der daherkomme, um knechtische Dienste von ihr zu verlangen. Ich erhub mich gelassen, setzte mich wieder auf mein Tier, stehe wieder vor Euch, und ich bin überzeugt, Ihr werdet keine weitere Prüfung nötig finden.' Lächelnd beließ es auch der Papst dabei, und wahrscheinlich ward ihr das fernere Wundertum untersagt."

DAS DENKMAL GIORDANO BRUNOS AM CAMPO DEI FIORI

Bis in die zweite Hälfte des 19. Jahrhunderts hinein gehörte der Campo dei Fiori zu den belebtesten Plätzen Roms. Jeden Sonnabend und Montag wurde hier der Pferde- und der Getreidemarkt abgehalten. In seinem Umkreis lagen die Handwerkerstraßen, zugleich aber auch die besten Weinkneipen. So ist es nicht weiter zu verwundern, daß die päpstliche Regierung diese belebte Stätte dazu benutzte, um hier als warnende Exempel in aller Öffentlichkeit die schweren Strafen vollziehen zu lassen. Hier erhob sich der Galgen, hier errichteten die Henker die Scheiterhaufen, auf denen man Ketzer und Hexen verbrannte. Hier brannte auch der Scheiterhaufen, auf dem der ehemalige Dominikanermönch Giordano Bruno am 17. Februar 1600 den Tod fand. Jahrzehntelang war Bruno, ein großer Gelehrter und ein Phantast zugleich, in ganz Europa umhergereist, hatte in England, in Frankreich, in Böhmen und in Deutschland gelehrt, hatte nicht nur das Weltbild des Kopernikus gestützt, sondern es in die Unendlichkeit geweitet, hatte sich von seinem Orden und der Kirche gelöst und mußte zugleich unter den Verfolgungen der Protestanten leiden. Ganz allein auf sich gestellt, sehnte er sich nach der Heimat zurück. Venedig nahm ihn zwar auf, aber sein eigener Gastgeber verriet ihn an die Inquisition. Schon war Bruno bereit, dort dem geistlichen Gericht entgegenzukommen und sich zu unterwerfen, da forderte die römische Inquisition seine Auslieferung. Acht lange Jahre verbrachte er hier im Kerker, und er, der in Venedig noch bereit gewesen war, sich zu unterwerfen, verharrte jetzt bei seinen Lehrmeinungen und wollte lieber sterben als widerrufen.

Das Denkmal zur Erinnerung an seinen Tod mit den stolzen Worten „Bruno gewidmet, von dem Jahrhundert, das er vorausgeahnt, hier, wo der Scheiterhaufen lohte" ist ihm nicht aus uneigennützigen Gründen und wahrer Achtung errichtet worden, denn das liberale Italien des 19. Jahrhunderts schuf es 1887 aus antiklerikalen Tendenzen als Kundgebung gegen den Vatikan.

PALAZZO FARNESE

Die gewaltige Anlage des Palazzo Farnese auf dem gleichnamigen Platz war selbst für den Geldbeutel der angesehenen und begüterten Familie etwas zu groß berechnet. Kein Wunder, daß die Fortführung des Baues mehrfach ins Stocken geriet, zumal auch zwei Architekten daran arbeiteten, erst Sangallo und nach dessen Tod Michelangelo. Den Römern dauerte das Ganze daher zu lange, und so trug eines Tages

Pasquino eine Sammelbüchse umgehängt mit der Aufschrift:

„Elemosina per la fabbrica dei Farnesi!
Gebt Almosen für den Neubau der Farnese!“

Nun, der Palast wurde zwar vollendet, Marmor holte man aus den Ruinen von Ostia und in Rom hauptsächlich aus den Caracallathermen und vom Kolosseum. Ein Teil aber konnte trotz der wohlmeinenden Hilfe Pasquinos nicht ausgeführt werden, nämlich eine Brücke vom Palazzo über den Tiber zu der am anderen Ufer gelegenen Villa Farnesina. Nur ein Bogen des ehrgeizigen Unternehmens ist vollendet und stellt die heute so sinnlos erscheinende Verbindung vom Garten des Palastes zu den Häusern auf der anderen Seite der Via Giulia her.

Die Fresken an den Wänden und an der Decke der zwanzig Meter langen Galerie im ersten Stock des Palazzo Farnese stammen von Annibale Carracci. Zuerst arbeitete dieser mit seinem Bruder Agostino zusammen, doch nach einem Zerwürfnis verdrängte Annibale den Bruder, um Ruhm und Geld für die gewaltige Arbeit allein gewinnen zu können. Aber es sollte anders kommen, denn der Verwalter des Palastes konnte den Maler nicht ausstehen und erreichte, daß der Kardinal Farnese bei der Bezahlung der Arbeit all das in Rechnung setzte, was Carracci im Lauf der Jahre im Haus verzehrt und getrunken hatte. Das aber ergab, da sich der Maler als Gast gefühlt und entsprechend gelebt hatte, eine bedeutende Stimme. Und als Frucht seiner gewaltigen Arbeit erhielt Annibale gerade noch fünfhundert Skudi, zweitausendfünfhundert Goldmark, ausbezahlt. Er konnte diesen Schlag nicht verwinden und starb ein Jahr später.

Als Königin Christine von Schweden, die Tochter Gustavs II. Adolf, nach ihrem Übertritt zum Katholizismus zum ersten Male ihren Aufenthalt in Rom nahm, stellte ihr Herzog Odoardo Farnese, tief beeindruckt von ihrem Glaubenswechsel, den Palazzo Farnese als Wohnsitz zur Verfügung. Wenn auch die Königin über seine vornehme Geste und die Schönheit des Palastes tief gerührt war, so dachte ihr Gefolge doch wesentlich anders. Es fror in den riesigen Räumen, und da die Kamine ungeheure Mengen von Brennholz verschlangen, begann man, das Mobiliar zu zerkleinern. Sogar die kostbaren Holztüren wanderten ins Feuer. Als die Königin einen Wunsch des Gefolges, im Palast ein Glücksspiel einzurichten, abwies, hielt sich dieses auf eine andere Weise schadlos. Ohne die geringsten Hemmungen verkaufte man kostbare Gobelins, silberne Leuchter und andere bewegliche Kostbarkeiten.

Der entsetzte Verwalter meldete die Plündereien seinem Herrn nach Parma, und erst das Eingreifen des Papstes machte dem Unwesen ein Ende.

Von Königin Christine von Schweden gibt es noch eine ganze Reihe anderer Anekdoten. So wird erzählt, daß sie sich einmal bei strömendem Regen zur Messe in die Kirche San Luigi di Francesi begab. Beim Aussteigen aus ihrer Kalesche konnte sie wegen der zahlreichen Pfützen jedoch nicht gleich zum Portal gelangen. Da trat der junge Kardinal Decio Azzolini rasch heran, nahm seinen seidenen Mantel von den Schultern und breitete ihn als Teppich vor den Füßen der Königin aus. Mit dieser Kavalierstat begann eine Freundschaft, die bis zum Tod der Königin dauern sollte und ihr einen tatkräftigen Beschützer brachte. In ihrem Testament aber setzte Christine dankbar den Kardinal zu ihrem Universalerben ein: „Wegen seiner unvergleichlichen Eigenschaften, seiner persönlichen Verdienste und derer, die er sich im Laufe vieler Jahre um uns erworben hat ..."

Am 1. Januar 1656 ritt Königin Christine noch in stockdunkler Nacht mit ihren Begleitern zur Engelsburg, um von dort aus den ersten Tag des neuen Jahres über der Ewigen Stadt anbrechen zu sehen. Sie betrachtete, da es noch Zeit war, die Geschütze auf den Bastionen und erzählte dem sie begleitenden Kavalier von ihren Schießkünsten, die sie der Erziehung ihres Vaters Gustav Adolf zu verdanken hatte.

Nun galten ja dem Kriegshandwerk und den Kanonen ihre besondere Leidenschaft. Das aber wußte ihr Begleiter nicht, sonst hätte er, im Hinblick auf die drohenden Folgen, kaum das Lächeln der Ungläubigkeit gewagt, das die Königin sogleich in Harnisch brachte. Sie befahl, ausgerechnet die 2395 Pfund schwere „Spinosa" zu laden, die man von dem Heer des Konnetabel von Bourbon auf dem Monte Mario erbeutet hatte. Allen Beschwörungen des verängstigten Kavaliers zum Trotz, richtete sie das Geschütz auf die Villa Medici, gegenüber auf dem Pincio, in der damals der toskanische Botschafter wohnte. Ihm wollte sie, wie sie erklärte, einen frühen Neujahrsgruß senden. Sie schoß dreimal und traf beim dritten

Schuß genau das große Bronzetor der Villa, wo die Delle des Einschlags noch lange von der Schießkunst der Königin zeugte.

PALAZZO SPADA ALLA REGULA

Im Jahre 1553 entdeckten Bauarbeiter unter einem Haus in der Via Leutari, gar nicht weit entfernt von der Stelle, wo heute noch Pasquino steht, eine riesige Marmorstatue. Genauer gesagt, sie entdeckten nur die untere Hälfte dieser Statue, denn die obere lag unter den Mauern des Nachbargrundstückes. Die Nachbarn einigten sich zwar rasch, was das Ausgraben selbst betraf, als sie aber dann das prächtige Stück in seiner vollen Größe sahen, witterten sie wohl beide ein gutes Geschäft und beanspruchten jeder das Bildwerk für sich. Der eine behauptete, daß ihm der Fund zustände, weil der größere Teil auf seinem Grund gelegen habe, der andere dagegen meinte, unter seinem Haus habe der Kopf und damit der edelste Teil der Figur gelagert, somit gehöre sie ihm allein!

Als die Statue allgemein Aufsehen und Begeisterung erregte, ihr Wert somit zu steigen schien, versteiften sich die beiden erst recht. Schließlich kam die ganze Angelegenheit vor Gericht. Der Richter nun fällte ein wahrhaft salomonisches Urteil und entschied, die Figur sollte zersägt und jedem die Hälfte überlassen werden. Glücklicherweise hörte der Kardinal Capo di Ferro von dieser merkwürdigen Entscheidung und beeilte sich, die ganze Angelegenheit Papst Julius III. zu unterbreiten. Dieser entschied, daß der

Kardinal, so wie er es wünschte, die Figur aufkaufen und den beiden Besitzern je die Hälfte der Kaufsumme von fünfhundert Skudi, etwa zweitausendfünfhundert Goldmark, auszahlen sollte. So blieb glücklicherweise eines der schönsten Kunstwerke des antiken Rom erhalten; es steht heute im Palazzo Spada alla Regula und ist doppelt bedeutungsvoll, denn die Altertumsforscher nehmen an, daß es sich hier um ein Standbild des Gnaeus Pompejus handelt.

Manches spricht dafür, daß die Plastik mit jener Statue identisch ist, die einst in der Kurie des Pompejus gestanden hatte und nach seiner Niederlage vom Pöbel von ihrem Postament gestürzt worden war. Es wäre dann die gleiche Statue, vor der Caesar zusammenbrach, als ihn die Dolche der Verschwörer trafen. Sein letzter Blick mag diesem Bild gegolten haben, ehe er sein Haupt verhüllte.

PALAZZO CENCI

Die düstere Fassade des Palazzo Cenci in der Via Santa Maria de' Calderari beschwört jenen blutigen Prozeß herauf, der vor vierhundert Jahren Rom so unerwartet stark bewegte, daß selbst bis zum heutigen Tage die Römer – und dank zahlreicher mehr oder minder guter Schriftsteller nicht nur diese – sich mit einem leichten Gruseln des Falles Cenci erinnern.

Der alte Francesco Cenci, das Prachtexemplar eines ausgekochten Wüstlings, der wegen Brutalität, Schändung seiner Mägde und widernatürlicher Unzucht im Gefängnis gesessen hatte, machte nach der

Heimkehr seinem Weib und seiner sechzehnjährigen Tochter das Leben zur Hölle. Er quälte sie so lange, bis sie glaubten, keinen anderen Ausweg mehr zu sehen, als den Gatten und Vater umzubringen. Letzter Anlaß für diesen Plan mochte für die Tochter Beatrice auch die Tatsache gewesen sein, daß sie ein uneheliches Kind von einem verheirateten Mann erwartete und die Wut des Vaters daher in erhöhtem Maß befürchten mußte.

Es erübrigt sich, auf die Einzelheiten des Mordes einzugehen, der durch das Ungeschick der Beteiligten verhältnismäßig rasch entdeckt wurde. Kaum aber hatten die Behörden die am Mord und an der Planung beteiligten Familienmitglieder, außer Mutter und Tochter noch zwei Söhne, verhaftet, begann schon eine heftige Auseinandersetzung um Schuld und Unschuld in der Öffentlichkeit. Die Sympathien gehörten allgemein der jungen Beatrice, obwohl sie kein unbeschriebenes Blatt war und von engelhafter Unschuld keineswegs die Rede sein konnte. Heute wäre es einem halbwegs geschickten Anwalt ein leichtes, sie im Hinblick auf das lasterhafte Leben des Vaters und seine Grausamkeiten und auch mit einem Hinweis auf ihren eigenen Seelenzustand in den Tagen der Schwangerschaft vor einer allzu strengen Bestrafung zu retten.

Damals, 1599, lag die letzte Entscheidung über den Fall und damit über Leben und Tod der Beteiligten in den Händen von Papst Klemens VIII. Schon wollte dieser Milde walten lassen, schon schien sich das Zünglein an der Waage zugunsten der Angeklagten zu neigen, da ereignete sich ein ähnlicher Fall eines Muttermordes. Nun konnte der Papst nicht mehr zögern, er mußte ein Exempel statuieren. Am 10. September 1599 erfolgte unter lebhaftester Anteilnahme und unter heftigen Sympathiebezeugungen für Beatrice die Hinrichtung der Angeklagten, ein blutiges Schauspiel, wie es gerade das Barockzeitalter liebte.

Noch heute aber wird am Jahrestag der Hinrichtung in der kleinen Familienkirche San Tommaso de' Cenci neben dem Palast für die Unglücklichen eine Seelenmesse gelesen.

SAN ANGELO IN PESCHERIA

Die in den alten Porticus der Octavia (Via del Portico d'Ottavia) schon im 11. Jahrhundert hineingebaute Kirche, war die „Judenkirche" von Rom. 1584 befahl nämlich Papst Gregor XIII., daß an jedem Samstag ein Dominikanerpater für die Juden des römischen Ghettos eine Predigt halten solle. Anfangs wurden Männer, Frauen und Kinder von dem doch etwas entfernt liegenden Ghetto wahllos mit Peitschenhieben in die Kirche getrieben. Es mußten dabei mindestens hundert Männer und fünfzig Frauen sein, später insgesamt dreihundert Personen, die am Eingang sorgfältig gezählt und registriert wurden. In der Kirche wachten Häscher über die Aufmerksamkeit der Anwesenden und schlugen alle, die nicht zuzuhören schienen, erbarmungslos mit eisernen Ruten. Um wenigstens dem zwangsweisen Zusammtreiben zu entgehen, einigten sich die Judengemeinden, daß die verschiedenen Synagogen abwechselnd die nötige Zahl der Zuhörer zu stellen hätten. Gegen eine hohe Ablösungssumme erreichten es die Juden wenigstens, daß Christen während der Predigt nicht die Kirche betreten und die Anwesenden verspotten durften. Diese Art der Predigt scheint der Geistlichkeit viel Befriedigung verschafft zu haben; denn auch andere Kirchen bemühten sich – allerdings vergeblich – um das Privileg solcher Judenpredigten, die erst 1847 durch Papst Pius IX. eingestellt wurden.

MARCELLUS-THEATER

Das Marcellus-Theater, unter Caesar begonnen und unter Kaiser Augustus vollendet, ist der Handlungsort einer kleinen Anekdote, die an sich auch in einem der beiden anderen Theater des alten Roms spielen könnte, die aber ein bezeichnendes Licht auf die Verhältnisse in der Kaiserzeit wirft und zugleich einen recht amüsanten Vergleich mit manchem Theater unserer Tage zuläßt.

Als Kaiser Augustus das Theater, das dem Marcellus, dem früh verstorbenen Sohn seiner Schwester Octavia, geweiht war, einmal besuchte, mußte er zu seinem Ärger beobachten, wie ein Ritter dort in aller Gemütsruhe seine Vesper herauszog und es sich gut schmecken ließ. Der verärgerte Kaiser, dem dieses Verhalten unpassend erschien, schickte ihm ein Täfelchen: „Ich gehe nach Hause, wenn ich essen will!“

Der Ritter, nicht faul, antwortete sogleich: „Das glaube ich, denn du mußt auch nicht befürchten, daß du inzwischen deinen Platz verlierst.“

DER TIBER

Mehr antike Kunstwerke, als in den römischen Museen stehen, schlummern wohl heute noch im Schlamm des Tiber. Nur gelegentlich gab der Fluß das eine oder andere Stück frei. So kam am 20. September 1885 bei der großen Tiberregulierung nahe dem im Bau befindlichen Ponte Garibaldi jene wunderschöne Bronzefigur des jugendlichen Dionysos, des Weingottes, ans Licht, die heute im Thermen-Museum bewundert werden kann.

Noch im gleichen Jahr gab der Fluß fast an derselben Stelle beim Ponte Garibaldi wieder eine Bronzestatue frei, dann bei der Tiberinsel einen überlebensgroßen Kopf, die sogenannte knidische Aphrodite, und 1891 zwischen dem Ponte Palatino und den ehemaligen Bagni di Donna Olympia die Marmorstatue eines jugendlichen Apoll.

Das sind nur wenige Stücke, nach der Meinung der Altertumsforscher aber dürfte der Fluß, würde man ihn vorsichtig trockenlegen, sich als ein großes Magazin von antiken Kunstwerken erweisen. So weiß man, daß die plündernden Vandalen Geiserichs am Fuß des Aventins, an der heutigen Marmorata, mehrere Schiffe so mit geraubten Kunstwerken beluden, daß diese kenterten und die überaus kostbare Fracht im Schlamm des Flusses versank. Einer Vermutung nach soll auch der siebenarmige Leuchter aus dem Tempel zu Jerusalem, den römische Soldaten nach Rom verschleppt hatten, wie das Bild auf dem Triumphbogen des Kaisers Titus zeigt, auf diese Weise mit im Tiber versunken sein und heute noch dort ruhen.

TIBERINSEL UND SAN BARTOLOMEO

Im Jahre 291 v. Chr. wütete in Rom eine schwere Pestepidemie, und der Senat beschloß, eine Abordnung von Priestern und Ärzten zu dem berühmten Heiligtum des Äskulap nach Epidauros in Griechenland zu senden, um dort von dem Gott der Heilkunst Rat und Hilfe zu erflehen. Die Priester von Epidauros gaben der Gesandtschaft eine dem Gott geweihte Schlange mit. Nach glücklicher Heimkehr fuhr das Schiff von Ostia aus tiberaufwärts. In Rom aber glitt die Schlange plötzlich von Bord und schwamm zu der damals noch unbebauten Tiberinsel.

Die Römer deuteten dies als ein Zeichen dafür, daß Äskulap hier einen Tempel errichtet haben wollte, und beeilten sich, diesem göttlichen Wunsch nachzukommen. Zum ewigen Gedenken aber an das Schiff, das die Schlange nach Rom gebracht hatte, gab man der Insel die Form eines Schiffes. Ein kleiner Obelisk in der Mitte stellte den Mast dar. Es gehört zu den Merkwürdigkeiten des ewigen Roms, daß dort, wo vor über zwei Jahrtausenden dem Gott der Heilkunst ein Tempel geweiht wurde, noch heute ein Krankenhaus liegt.

Die Kirche San Bartolomeo dell'Isola auf der Tiberinsel erinnert an den deutschen König Otto III. Dieser war, ein Knabe noch und doch schon Herrscher, im Alter von sechzehn Jahren 996 nach Rom gekommen und setzte dort als Nachfolger des eben verstorbenen Papstes Johannes XV. einen weitläufigen Verwandten, den vierundzwanzigjährigen Brun von Lothringen, als den ersten deutschen Papst ein. Damit regierten nun zwei junge Männer in Rom.

Im Jahre 998 gründete Otto III. auf den Resten des alten Äskulaptempels auf der Tiberinsel eine Kirche zu Ehren des heiligen Adalbert, Bischofs von Prag. Mit einem Heiligen aber hatte er noch nicht genug und forderte daher von der Stadt Benevent die Reliquien des Apostels Bartholomäus für seine Kirche. Doch die Bürger von Benevent betrogen ihn und sandten statt dessen den Leib des heiligen Paulinus von Nola. Zwar wurde der unfromme Betrug aufgedeckt und Otto erzwang die Auslieferung des richtigen Heiligen, aber Benevent behauptete auch später noch, die echten Reliquien in seinen Mauern zu haben.

Otto III. war wohl auch einer der ersten italienbegeisterten Deutschen, die Rom in seinen Bann schlug. Er wollte das alte römische Imperium erneuern, und es schmerzte ihn, daß die Römer so gar kein Verständnis für seine Pläne zeigten und im Gegenteil alles taten, um ihm den Aufenthalt in der Stadt zu verleiden. Als sie sogar einen Aufstand gegen ihn anzettelten und ihn im Jahre 1001 auf dem Aventin belagerten, rief er ihnen zu: „Seid ihr nicht meine Römer? Euretwegen habe ich mein Vaterland verlassen. Die Liebe zu euch ließ mich meine Sachsen und alle Deutschen, mein eigen Blut verschmähen. Euretwegen habe ich den Haß und die Mißgunst aller auf mich geladen, da ich euch über alles stellte!“

PONTE FABRICIO

Der Ponte Fabricio, der von der Piazza di Monte Savello zur Tiberinsel hinüberführt, heißt im Volksmund Ponte Quattro Capi. Er verdankt seinen Namen „Vierhäupterbrücke" den beiden Doppelhermen am Ende der Brüstung. Die Römer wissen natürlich auch von diesen antiken Hermesköpfen eine Geschichte zu erzählen und behaupten, es sei eigentlich das Denkmal von vier Baumeistern. Diese sollten im Auftrag von Papst Sixtus V. die schon aus der Antike stammende Brücke renovieren. Dabei kam es zwischen ihnen zu heftigem Streit, der sogar in Tätlichkeiten ausartete. Als die Arbeit fertiggestellt war, drückte ihnen der Papst zwar seine Zufriedenheit über das gelungene Werk aus, ließ sie aber wegen ihres unchristlichen Verhaltens auf der Brücke köpfen. Da sie ihre Aufgabe jedoch gut gelöst hatten, erhielten sie an der Hinrichtungsstelle ein Denkmal, das sie alle vier friedlich vereint zeigte.

BOCCA DELLA VERITÀ

Wie ein unheimliches Geschöpf aus der Vorzeit starrt den Besucher in der Vorhalle der Kirche Santa Maria in Cosmedin eine fast mannshohe, runde Scheibe mit einem Tritonengesicht entgegen, die sogenannte Bocca della Verità, der Mund der Wahrheit. Angeblich mußten im Mittelalter die Lügner und Heuchler ihre Hand in den Mund des Riesengesichts

'icolo Sterato. Heute Vicolo di S. Nicolo da Tolentino in der Nähe der Piazza Esedra.

L'Arco di San Marco. Der „Bogen des San Marco" an der Rückseite des Palazzo Venezia.

stecken, und der Mund schnappte jedesmal zu, wenn der Betroffene nicht die Wahrheit sprach. Böse Zungen behaupten, daß sich hinter der Scheibe gelegentlich auch ein Häscher mit einem scharfen Schwert versteckte und nachhalf, wenn es mit dem Bekennen nicht so recht klappen wollte.

Einmal allerdings ließ sich auch der Mund der Wahrheit überlisten. Als nämlich eine Ehefrau der Liebschaft mit einem jungen Mann verdächtigt wurde, sie jedoch ihre Unschuld fest beteuerte, entschloß sich der empörte Gatte, die Wahrheitsprobe ausführen zu lassen. Nun war es aber mit der Unschuld der Dame nicht so gut bestellt, wie sie behauptete, und deshalb sah sie der Probe mit berechtigtem Unbehagen entgegen. Doch der Liebhaber wußte Rat. Als der Tag der Probe herangekommen war, spielte er vor der Bocca della Verità, wo sich die übliche schaulustige Menge versammelt hatte, den Betrunkenen, der die Leute anpöbelte. Als besagte Dame mit ihrem Gatten und den Amtspersonen herantrat, nahte er sich torkelnd und fiel ihr um den Hals. Die Dame erklärte nun, sie sei außer von ihrem Gatten bisher nur noch von jenem Betrunkenen umarmt worden, und zum Zeichen dessen, daß sie die Wahrheit spräche, legte sie ruhig die Hand in den Mund des Ungeheuers. Etwas vorsichtiger soll vor nicht allzulanger Zeit der britische Außenminister Selwyn Lloyd gewesen sein. Er steckte nur zwei Finger in den Schlund und erklärte seiner Begleitung: „Ein Politiker muß jedes Risiko sorgsam abwägen!"

Mit martialischem Schnurrbart und triumphierender Miene reitet der steinerne Viktor Emanuel II. seit 1885 auf dem riesigen Nationaldenkmal in Richtung des Vatikans, gleichsam als sollte damit für alle Ewigkeit demonstriert werden, daß dieser Herrscher den Kirchenstaat auflöste und den Papst aus dem Quirinal vertrieb, aus dem sein eigener Enkel siebzig Jahre später von den Republikanern ebenfalls vertrieben wurde.

Dabei war der gute Viktor Emanuel gar nicht so furchterregend und soll vor allem ein guter Katholik gewesen sein, der besonders darunter litt, daß ausgerechnet er immer wieder die Zielscheibe der Anathema sein mußte, die der Papst gegen ihn schleuderte. Privat dagegen schrieb der Vertriebene, Pius IX., ein stiller und warmherziger Priester, dem „Räuberkönig" höfliche Briefe, und der exkommunizierte Monarch selbst schloß seine Schreiben an den Papst stets mit der Bitte um den päpstlichen Segen.

So ging es acht Jahre, bis plötzlich Viktor Emanuel schwer erkrankte und man den Papst bat, den Kirchenbann von dem Sterbenden zu nehmen, damit dieser vor dem Tod die Sakramente empfangen könnte. Pius IX. willigte unter der Bedingung ein, daß der König noch schriftlich seinen Willen zur Wiedergutmachung bekunden sollte. Das aber wieder lehnte Viktor Emanuel ab.

Als sich jedoch die Krankheit verschlimmerte, sandte der Papst seinen eigenen Beichtvater in den Quirinal mit dem Auftrag, dem König die Absolution zu erteilen, wenn dieser noch mündlich eine Erklärung abgeben würde. Der Priester wurde im Auftrag der königlichen Minister, die Viktor Emanuel kannten und einen Widerruf befürchteten, nicht vorgelassen. Als das Pius IX. erfuhr, rief er aus: „Diese Bösewichte, sie wollen ihn als Heiden sterben lassen!"

Nach mehreren vergeblichen Versuchen wurde der Prälat doch vorgelassen. Viktor Emanuel empfing mit Erlaubnis des Papstes die Sterbesakramente buchstäblich in letzter Minute auch ohne Widerruf.

Drei Wochen nach dem Tod des Königs starb auch der Papst, der letzte Herrscher des Kirchenstaates.

Das Viergespann mit der geflügelten Siegesgöttin, das die linke Vorhalle des Nationaldenkmals krönt, schuf Carlo Fontana. Der Künstler suchte lange nach einer typisch römischen Schönheit, die ihm für den Kopf als Modell dienen sollte. Es gelang ihm schließlich, die Herzogin von Sermoneta dafür zu gewinnen. Fontana fand sich zu der verabredeten Zeit im Haus der Herzogin ein, tadellos mit Gehrock und Zylinder bekleidet, wagte es aber aus Achtung vor seinem vornehmen Modell nicht, den Rock abzulegen und einen Arbeitskittel anzuziehen. Die Dame selbst stand, als ob sie unsichtbare Rosse zügeln wollte, auf einem Tisch, während der Bildhauer seinen eleganten Anzug bald von oben bis unten mit Ton bekleckste. Und selbst als die Herzogin ihn aufforderte, sich es doch bei der weiteren Arbeit etwas bequemer zu machen, verharrte er in seiner unterwürfigen Haltung. Die aber spürt man auch allzu deutlich, wenn man die fertige Siegesgöttin betrachtet, die in ihrer steifen Größe in so gar keinem rechten Verhältnis zum Wagen und den Rossen steht.

KAPITOL UND SANTA MARIA IN ARACOELI

Das vergoldete Reiterstandbild Kaiser Marc Aurels auf dem Kapitolsplatz verdankt es nur einem Irrtum, daß es überhaupt erhalten blieb. Während die anderen Denkmäler römischer Kaiser zumeist die stürmischen Zeiten des Mittelalters schlecht überstanden, hielt man diese Statue für das Bild Konstantins, des ersten christlichen Kaisers, und versuchte daher, es besonders zu schützen.

Ursprünglich stand die Statue neben den Severus-Bogen auf dem Forum Romanum. 966 wurde an ihr der Stadtpräfekt von Rom, der sich gegen Kaiser Otto I. empört hatte, an den Haaren aufgehängt. Hundert Jahre später ließ ein Papst den falschen Konstantin gegenüber der Heiligen Treppe aufstellen. Doch damit hatte er keineswegs seinen festen Platz, er zog noch für mehr als ein Jahrhundert vor die Lateransbasilika, und erst Paul V. verfügte, daß das „Cavallo di Costantino“, wie das Volk das Bronzebild nannte, einen Platz auf dem von Michelangelo neu gestalteten Kapitolsplatz erhielt.

Nun erst wiesen die Gelehrten nach, daß die Statue eigentlich Marc Aurel verkörperte. Bei den Römern erfreut sie sich dennoch nach wie vor großer Beliebtheit, ja mehr noch, nach der Auffassung des Volkes blättert die dünne Goldschicht nicht ab, sondern sie wächst. „Und wenn Roß und Reiter völlig golden geworden sind, dann ist der Tag des Jüngsten Gerichts gekommen.“

Bis vor nicht allzu langer Zeit fristeten auf dem Kapitol in einem Käfig ein Adler und eine Wölfin als lebendige Symbole des klassischen Roms ein recht ärmliches Dasein. Früher gab es dort auch noch einen Löwen. Sein Wärter bekam ein festes Gehalt, war aber dafür verantwortlich, daß das Tier nicht aus seinem Käfig ausbrach. Wenn es doch geschah, mußte er die Kosten für das Wiedereinfangen bezahlen.

Im Jahre 1328 sperrte man den Prior des Augustinerklosters auf dem Pincio in den Zwinger, da er sich als Anhänger des durch Kaiser Ludwig den Bayern abgesetzten Papstes Johannes XXII. weigerte, bei der Krönung Ludwigs in Sankt Peter die Messe zu lesen.

Fast völlig unbeachtet von den zahlreichen Besuchern des Kapitols steht in dem Garten, der einst zum Palazzo Caffarelli gehörte, ein Brunnen mit dem Marmorstandbild eines Pferdes, das von einem Löwen zerrissen wird. Dieses Standbild schmückte einst, ehe Michelangelo das Kapitol umbaute, das Geländer der Treppe, die zur Loggia des Senats führte. Zu Füßen dieses Standbildes wurde am 8. Oktober 1354 der Tribun Cola di Rienzo, von dessen Schicksal an anderer Stelle noch ausführlich die Rede ist, erschlagen. Hier ließ der Senat die Todesurteile aushängen, vor allem aber diente das Bild im Mittelalter als Pranger.

Jeden Mittwoch, wenn auf dem Kapitolsplatz Markt abgehalten wurde, mußten sich die Verurteilten auf den Löwen setzen. Sie bekamen das Gesicht mit Honig eingeschmiert, als willkommenen Tummelplatz für Fliegen und Wespen, auf einer Papiermütze, die man ihnen über den Kopf stülpte, standen ihre Schandtaten. So ausgerüstet, mußten sie meist bei glühender Sonne auf dem Löwen hocken und sich festklammern, damit sie nicht herunterfielen. Erst wenn der Markt zu Ende war, durften sie den unbequemen Platz verlassen.

Die Marmorstatue von Papst Urban VIII. auf dem Kapitol, heute im Sala degli Orazi e Curiazi, bestellte der Senat von Rom bei Bernini in der Absicht, sie als Huldigung für den Papst aufzustellen. Sogleich wurden Stimmen laut, daß man nach einem alten Beschluß dem lebenden Papst kein Denkmal setzen dürfte. Urban VIII. aber erklärte, daß sich ein solches Verbot nicht auf einen Papst wie ihn beziehen könnte. Dabei war er damals gerade beim Volk wegen der Steuern, die er im Hinblick auf die drohenden Kriegsgefahren und die damit verbundene notwendige Rüstung auferlegen mußte, alles andere als beliebt. Er bekam den Spitznamen „Papa gabello – der Zollpapst", weil er für Salz, Öl, Käse, Schweinefleisch und sogar für den Wein aus den Castelli, den Orten der Albanerberge, Einfuhrzölle erhob, und Pasquino verspottete ihn, weil er trotz dem einträglichen Jubeljahr neue Steuern verkündete:

> „Papa Urbano dalla barba bella
> Dopo il Giubbileo mette la gabella.
> Papst Urban mit dem schönen Bart
> Drückt nach dem Jubiläum mit den Zöllen hart."

Kein Wunder, daß die Statue in der Nacht des 24. Juni 1640 heimlich aus dem Atelier Berninis auf das Kapitol gebracht werden mußte, um eine Beschädigung durch den Straßenpöbel zu vermeiden.

Und daß sie heute noch erhalten ist, verdankt sie auch nur dem Kardinal Colonna, der, als Urban im Sterben lag, das Kapitol von Bewaffneten absperren ließ. Als nämlich der römische Pöbel vom Tod des Papstes hörte, lief das Volk zusammen und wollte die Statue auf dem Kapitol zerstören. Nun ging das aber wegen der Absperrung nicht, und die Menge eilte zum Hof des Collegio Romano, wo die gleiche Statue aus Gips stand, und an ihr kühlte sie dann ihr Mütchen.

Auf dem Glockenturm des Kapitols hat auch einmal der Union Jack, die britische Flagge, geweht. Keineswegs etwa zu einem Staatsbesuch, sondern sozusagen als Besatzungsflagge. Dies geschah 1799. Papst Pius VI. war von den Franzosen aus Rom weg ins Exil geführt worden. Admiral Nelson operierte mit der britischen Flotte vor der italienischen Westküste. Als sich die napoleonischen Truppen daraufhin zurückzogen, navigierte ein junger Marineoffizier, der spätere Admiral Sir Thomas Louis, eine kleine Schiffsflottille tiberaufwärts, landete in Rom und hißte hier auf dem Kapitol die britische Flagge.

Ein anderer englischer Offizier brachte zur gleichen Zeit mehrere französische Schiffe auf, die päpstliche Kunstschätze nach Frankreich verschleppen wollten. Die britische Regierung übergab später die Kunstwerke den päpstlichen Behörden. Dem Offizier aber, Sir Thomas Troubridge, verlieh der Papst das Recht, in Anerkennung seiner Verdienste die gekreuzten Schlüssel von Sankt Peter in seinem Wappen zu führen.

Die steil abfallende Straße vom Kapitol hinunter zum Triumphbogen des Septimius Severus auf dem Forum Romanum wurde für Papst Klemens XIV. zur Stätte eines aufsehenerregenden Mißgeschicks. Als er am 26. November 1769 in einem großartigen Aufzug begleitet von geistlichen und weltlichen Würdenträgern, nach seiner Krönung zur feierlichen Besitzergreifung des Laterans ritt, passierte es ausgerechnet ihm, der als ein hervorragender Reiter galt, daß sich sein Pferd, erschreckt durch die Jubelrufe der Menge, aufbäumte und ihn abwarf.

Die abergläubischen Römer deuteten das sogleich als ein böses Vorzeichen. Der Papst aber ging nur eine kurze Strecke zu Fuß und setzte dann den Rest des Weges nach dem Lateran im Wagen fort. Später erklärte er scherzend: „Beim Hinaufweg zum Kapitol schien ich wie der heilige Petrus, beim Hinunterfallen glich ich mehr dem heiligen Paulus."

Ungefähr dort, wo heute auf dem Kapitol die Kirche Santa Maria in Aracoeli steht, erhob sich im Altertum der Tempel der Juno Moneta, der auch die römische Staatsmünze beherbergte. Nach dieser Prägestätte wurde das Geld bei den Römern „Moneta" genannt, und davon leitet sich auch unser deutsches Wort Münze ab. Außerdem wurden in dem Tempel auch die berühmten Gänse gehalten, die im Jahre 390 v. Chr. das Kapitol und damit Rom retteten.

Die Stadt selbst hatten die Bürger damals beim Herannahen der keltischen Gallier aufgeben müssen. Fast die gesamte Bevölkerung war geflüchtet, und Marcus Manlius übernahm mit nur tausend ausgewählten Kriegern die Verteidigung des Kapitols. Die

Kirche S. Catarina und Torre delle Milizie (Ausschnitt). Der Blick geht vom Largo Magnanapoli am Ende der Via Nazionale zur Fassade der im 17. Jh. erbauten Kirche der Hl. Katharina von Siena. Im Hintergrund die Torre delle Milizie aus dem 13. Jh., Teil einer Familienfestung der Conti und später der Colonna. Im Volksmund heißt er Torre di Nerone, weil der Sage nach Nero von hier aus den Brand Roms beobachtet haben soll. (Tatsächlich hat man von den Zinnen des Turmes aus den schönsten Rundblick über ganz Rom).

Via Giulio Romano. Die malerische Straße mit ihren mittelalterlichen Häusern mußte dem Bau des Nationaldenkmals (Monumento a Vittorio Emanuele II.) weichen. Im Hintergrund die Kuppel der Kirche SS. Nome di Maria am Rand der Kaiserforen.

ältesten Mitglieder des Senats legten ihre Feiertagskleider an und ließen sich auf den kurulischen Stühlen auf dem Forum nieder, um hier die Ankunft der Feinde zu erwarten. Die Scharen der Gallier drangen in die wie ausgestorben daliegende Stadt ein und kamen auch auf das Forum. Hier bestaunten sie zuerst einmal die prächtigen Bauten, dann aber erregten vor allem die starr dasitzenden Greise ihre Neugierde. Ein gallischer Krieger wollte es ganz genau wissen, ob er es mit Statuen oder Menschen zu tun hätte, und zupfte einen der Greise am Bart. Dieser holte aus und schlug den Vorwitzigen mit einem Elfenbeinstab über den Kopf. Das war das Signal für die Gallier, ihre Schwerter zu ziehen und die Senatoren Mann für Mann niederzumetzeln.

Zähneknirschend mußten die Verteidiger des Kapitols das grausame Schauspiel mitansehen, konnten sich aber auch in der Folgezeit nur auf die Verteidigung beschränken, während der Gallierkönig Brennus mit seinen Scharen das Kapitol belagerte. Durch einen Zufall entdeckten die Gallier einen geheimen Pfad über einen für unbezwingbar gehaltenen Bergabsturz, und Brennus beschloß, mit seinen Kriegern die Burg in einem nächtlichen Handstreich zu nehmen.

Schon waren die Gallier bis zu den Zinnen vorgedrungen, ohne daß die halbverhungerten Verteidiger etwas gemerkt hätten. In diesem Augenblick begannen die heiligen Gänse der Juno, die man trotz der Hungersnot erstaunlichrweise am Leben gelassen hatte, heftig zu schnattern. Die Verteidiger erwachten und griffen nach den Waffen, die Gallier erschraken heftig und gerieten in solche Verwirrung, daß ihr Angriff nun leicht zurückgeschlagen werden konnte. Das Kapitol war gerettet.

Zur ewigen Erinnerung an die wachsamen und treuen Tiere trug man später alljährlich eine Gans in feierlichem Zug durch Rom. Ihr zur Seite jedoch einen ans Kreuz geschlagenen Hund, weil die Hunde in jener Nacht geschwiegen hatten.

Der Name der Kirche Santa Maria in Aracoeli geht angeblich bis auf die Zeit des Kaisers Augustus zurück. Von ihm erzählt die Legende, er habe eines Tages die Sibylle, die Weissagerin, kommen lassen und sich bei ihr erkundigt, ob je ein Mensch auf Erden würde geboren werden, der größer wäre als er.

Nun war dies aber gerade der Tag, an dem Jesus zur Welt kam. Und die Sibylle erblickte einen goldenen Kreis um die Sonne und mitten in dem Kreis eine Jungfrau mit einem Kind auf dem Schoß über einem Altar. Sie berichtete die Vision dem Kaiser, der sogleich an der Stelle zu Ehren des unbekannten Gottes einen Altar errichten ließ. Noch heute zeigt man die Stätte dieses Altars im linken Querschiff der Kirche, dort wo unter dem von acht Säulen getragenen Baldachin eine Porphyrwanne steht. Der ganze Platz aber erhielt von da an den Namen Ara Coeli – Altar des Himmels.

In der Kirche Santa Maria in Aracoeli wird eine kleine aus Olivenholz des Gartens Gethsemane geschnitzte Statue aufbewahrt und verehrt, das Santo Bambino, das Heilige Kind. Seit mehr als vierhundert Jahren bauen die Römer auf seinen Schutz. Alljährlich wird es am Abend des 5. Januar in feierlicher Prozession über den Kapitolsplatz getragen, und in den

Tagen zwischen Weihnachten und Dreikönig dürfen die Kinder in der Kirche vor dem Santo Bambino eigene kleine Predigten halten. Früher konnten vornehme römische Familien es sogar ausleihen, wenn Krankheiten das Haus bedrohten. Dann fuhr das Santo Bambino in einer eigenen prachtvollen Karosse, die ihm der Fürst Torlonia samt Pferden, Kutscher und Diener geschenkt hatte, zu der Wohnung des Kranken.

Nun soll einmal die Prinzessin Borghese durch einen sehr geschickten Bildschnitzer heimlich eine Kopie haben anfertigen lassen, und es gelang ihr, das echte Bild zu vertauschen, als man es in die Wohnung ihres kranken Vetters, des Kardinals Scipio Borghese, gebracht hatte. Aber siehe da, in der Nacht verließ das Santo Bambino das Haus und kehrte zurück auf das Kapitol. Dort klopfte es erst einmal fest an die verschlossene Kirchentür. Der Bruder Pförtner hörte es; allein das ist schon ein kleines Wunder, wie mancher bestätigen wird, der selbst schon einmal an die verschlossene Pforte geklopft hat. Er schaute sogar zum Fenster hinaus, legte sich aber wieder zu Bett, als er nichts entdecken konnte. Als es wieder klopfte, sprach er ein Gebet für die armen Seelen und drehte sich dann auf die andere Seite. Doch als es ein drittes Mal klopfte, raffte er sich auf und öffnete die Kirchentür. Auf der Schwelle stand das Santo Bambino. Der Pförtner traute seinen Augen nicht und läutete die große Glocke, die sonst die Brüder zum Gebet rief. In feierlicher Prozession geleiteten die Fratri dann das Bambino an seinen angestammten Platz zurück.

Diese hübsche kleine Geschichte scheint einen wahren Kern zu haben, denn fünfzig Kilometer von

Blick auf das Kapitol. Der Gesamteindruck ist heute im wesentlichen noch unverändert, nur die Häuser am linken Bildrand neben der berühmten Treppe zur Kirche S. Maria in Aracoeli wurden abgerissen. Zwischen dieser Treppe und der Haupttreppe zum Kapitol liegt heute ein kleiner Park

mit dem Denkmal Cola di Rienzos. Die beiden Basaltlöwen am Fuß der Treppe (Originale heute im Kapitolinischen Museum) standen ursprünglich an der Kirche S. Stefano del Cacco (s. S. 153).

Rom entfernt, auf den ehemaligen Besitzungen der Familie Borghese, verehren die Einwohner von Giulianello in einer Kirche ebenfalls ein Santo Bambino, das dem von Aracoeli wie ein kleiner Zwillingsbruder gleicht und – wie die Bürger zumindest behaupten – genauso wundertätig sein soll. Der Überlieferung nach ist es jenes Christkind, das die Prinzessin Borghese austauschen wollte.

Eine der schönsten Treppen Roms führt mit hundertvierundzwanzig eng gestellten Stufen wie das Sinnbild der Himmelsleiter zur Kirche Santa Maria in Aracoeli empor. Die Römer sind mit Recht stolz auf diese Treppe, denn etwas so Majestätisches hatte selbst die antike Stadt nicht gekannt. Und doch gibt es auch von ihr eine Überlieferung, die Grausames zu berichten weiß.

So soll es den Prinzen Caffarelli gestört haben, daß die Bauern aus den Albanerbergen allen Verboten zum Trotz in warmen Nächten auf der Treppe, die in unmittelbarer Nähe seines Palastes lag, herumlungerten, lärmten und schließlich dort auch schliefen. Er ließ Fässer mit Steinen füllen, von den Dienern zunageln und, als die Bauern bereits schliefen, über die Treppe rollen. Dabei soll es Verletzte und Tote gegeben haben. Um das Verbrechen zu sühnen, erklärte man die Treppe zu einer „Scala Santa", einer heiligen Stiege, die nur mehr auf Knien erklommen werden sollte.

Allerdings geriet nach einiger Zeit der Grund für diese Sitte in Vergessenheit, und nur jene Frauen rutschten noch die hundertvierundzwanzig Stufen auf den Knien hinauf, die sich einen Lotteriegewinn wünschten.

Santa Maria in Aracoeli beherbergt auch das Grab des Cola di Rienzo, dessen Denkmal wenige Schritte von ihrem Portal entfernt am Aufgang zum Kapitol steht. Rienzo, der Sohn einer Wäscherin, gehört wohl zu den bedeutendsten und zugleich auch merkwürdigsten Persönlichkeiten des mittelalterlichen Roms, ein Idealist und Phantast zugleich. Sein Schicksal hat die Historiker ebenso beschäftigt wie die Dichter, und Richard Wagner stellte ihn in den Mittelpunkt seiner Erstlingsoper.

Trotz seiner einfachen Abstammung gelang es Rienzo, sich emporzuarbeiten, ja er brachte es sogar bis zum Oberhaupt der durch Parteikämpfe zerrütteten Stadt. Doch seine glänzende Beredsamkeit, mit der er das Volk für sich gewonnen hatte, bewahrte ihn nicht vor Fehlschlägen. Sein prunkvolles Auftreten als „Volkstribun" und seine oft herrische Art schufen ihm nicht nur unter den Adeligen, sondern auch in der breiten Masse viele Feinde, so daß er schließlich Rom verlassen und in die Berge des Apennin flüchten mußte. Hier, in der Einsamkeit, entwickelte er seine phantastischen Ideen von der Erneuerung altrömischen Kaisertums, der gemeinsamen Herrschaft mit Kaiser und Papst und dem Kommen eines neuen goldenen Zeitalters.

Mit diesen Ideen wandte er sich schließlich 1350 nach Prag, wo der deutsche König Karl IV. residierte. Der sachliche Karl ging aber nicht auf seine Pläne ein und ließ ihn im Gegenteil gefangennehmen und an den Papst, der damals noch in Avignon in Frankreich residierte, ausliefern. Hier fand Rienzo jedoch mit der Zeit eine wohlwollende Beachtung, und der Papst sandte ihn 1354 als Senator nach Rom zurück, wo sich aber bald sein Schicksal erfüllen sollte.

Das Kapitol, die Stätte seiner höchsten Triumphe, wurde auch zur Stätte seines Unterganges. Die römischen Barone wiegelten erneut das Volk gegen ihn auf, und am 8. Oktober 1354 zogen die Scharen zum Kapitol hinauf. Anfangs glaubte Rienzo noch an keine Gefahr, mußte aber nur zu rasch erkennen, daß die Volksgunst sich von ihm abgewandt hatte. Schon stürmte der Pöbel den Palast, da ließ er sich verkleidet und mit geschwärztem Gesicht durch ein hinteres Fenster in den Hof hinunter. Kühn genug, unternahm er den verzweifelten Versuch, sich unerkannt unter die plündernde Menge zu mischen. Da aber wurde ihm seine Putzsucht zum Verhängnis, denn er hatte vergessen, seine goldenen Armbänder abzulegen. Man erkannte ihn und schleppte ihn zur Richtstätte vor den schon erwähnten Marmorlöwen, wo ihn zwei seiner persönlichen Feinde, die immer noch befürchteten, daß er mit seiner Rednergabe das Volk wieder für sich gewinnen könnte, mit ihren Schwertern niederstachen.

MAMERTINISCHER KERKER

Unter der Kirche San Giuseppe dei Falegnami, die dem heiligen Joseph als Schutzpatron der Tischler geweiht ist, liegt der berüchtigte Carcer Mamertinus, das Staatsgefängnis des alten Roms. Er ist zweistöckig: Aus dem oberen Raum wurden die Gefangenen durch ein rundes Loch in die Tiefe gelassen, wo sie entweder verhungern mußten oder erdrosselt wurden.

Zu den prominentesten Häftlingen zählten der Numidierkönig Jugurtha, die Mitglieder der katilinarischen Verschwörung und Vercingetorix, der König der Gallier. Nur wenige Gefangene dürften bei ihrer Einlieferung jenen Galgenhumor bewiesen haben, der Jugurtha auszeichnete. Als dieser nämlich den Kerker betrat, rief er: „Beim Zeus, was habt ihr Römer für ungemütliche Bäder!"

Der Legende nach mußte auch der Apostel Petrus neun Monate lang in dem Verlies schmachten. Hier soll er die beiden Kerkermeister Processus und Martinianus sowie vierzig Mitgefangene und Gefängniswärter bekehrt und in einer Quelle getauft haben, die auf sein Gebet hin wunderbar aus dem Boden hervorsprudelte.

Die Ketten, mit denen der Apostel gefesselt war, werden heute in der Kirche San Pietro in Vincoli – Sankt Peter in Ketten – aufbewahrt. Die Legende erzählt, daß in den Tagen Papst Leos I. die Kaiserin Eudoxia jene Ketten nach Rom sandte, die Petrus während seiner Gefangenschaft in Jerusalem getragen hatte. Und siehe da, als die beiden Ketten, die aus Jerusalem und die aus Rom, nebeneinander lagen, fügten sie sich von allein zusammen.

GARTENHAUS DES ROSPIGLIOSI-PALLAVICINI

Im Gartenhaus des Rospigliosi-Pallavicini im Park des Palazzo Rospigliosi an der Via 24. Maggio schmückte Guido Reni die Decke mit einem Bild „Aurora", das Jacob Burckhardt „das vollkommenste italienische Gemälde der letzten beiden Jahrhunderte" nennt. Wenn auch unsere Zeit dies enthusiastische Urteil nicht mehr teilt, kann man doch immer wieder die Schönheit und Reinheit der Frauengestalten bewundern.

Nun wollte der Maler Guercino wissen, wie Reni seine wunderbaren Frauengesichter malte und welche Modelle er dabei benutzte. So sandte er einen Freund zu Reni, damit dieser dort auf eine geschickte, diskrete Art Erkundigungen einziehe. Als der Künstler aber von dem Anliegen erfuhr, holte er seinen Farbenreiber herbei, einen Menschen von solcher Häßlichkeit, wie man kaum einen zweiten finden konnte. Der setzte sich vor den Maler, und Reni schuf eines seiner schönsten Frauenbildnisse.

Dann wandte er sich an den Besucher und sagte: „Geh und sage Guercino, wenn schöne Ideen im Kopf sind, ist jedes Modell recht."

DAS GRAB DER SCIPIONEN

Zwischen der Via San Sebastiano und der Via Latina, nahe der schönen Porta San Sebastiano, liegen die Gräber der Scipionen, die letzte Ruhestätte jenes berühmten Geschlechtes, aus dem Publius Cornelius Scipio hervorgegangen ist, der nach seinem großen Sieg über den karthagischen Feldherrn Hannibal den Ehrennamen Africanus, der Afrikaner, erhielt. Ihre heutige Gestalt inmitten einer reizvollen romantischen Anlage besitzen die Gräber erst seit den

Jahren zwischen 1926 und 1929, aber ihre Wiederentdeckung verdanken sie einem jener glücklichen Umstände, an denen die Geschichte Roms so reich ist.

Im Jahre 1780 stieß ein Weinbauer bei Ausschachtungsarbeiten plötzlich auf große unterirdische Grabkammern und rief gleich ein paar Gelehrte herbei, um ihnen die Entdeckung zu zeigen. Die Aufregung war groß, als die Herren an Hand der Inschriften erkannten, daß es sich bei der Anlage um das Grab der Scipionen handelte! Ja mehr noch, da stand sogar der große Sarkophag des Cornelius Scipio Barbatus, jenes Mannes, der schon 298 v. Chr. Konsul gewesen war und die Samniter und Etrusker in schweren Kämpfen besiegt hatte. Der Überlieferung nach soll im Augenblick der Graböffnung das Skelett des berühmten Feldherrn noch völlig erhalten gewesen sein, einer seiner Knochenfinger trug sogar noch einen Ring. Ein Fund also, der für die moderne Wissenschaft geradezu eine Sensation bedeutet hätte.

Nicht so für die Ausgräber des 18. Jahrhunderts, denn diese zerstreuten, angeblich im Auftrag von Papst Pius VI., die Gebeine und die Asche der dort bestatteten Scipionen in alle vier Winde. Der Sarkophag des Barbatus aber fand seinen Platz im Vatikan.

QUO VADIS?

Mit Hilfe der Christen gelang es dem Apostel Petrus, aus dem Mamertinischen Kerker zu entkommen. An seine beabsichtigte Flucht aus Rom erinnern zwei Gedenkstätten, die von Legenden umwoben sind. So soll er die von den Kerkerketten wundgescheuerten Glieder vor dem Verlassen der Stadt verbunden haben. Unterwegs jedoch verlor er auf der Straße zur Via Appia einen dieser Verbände. An der Stelle wurde eine Kapelle „Ad Fasciolam" errichtet, die man später in das Kirchlein „Nereo et Achileo" umwandelte.

Ein Stückchen weiter des Weges, schon jenseits der Porta San Sebastiano, kam Petrus dann zu jener Stelle, wo die Via Ardeatina von der Via Appia abzweigt. Schlug der Apostel den Weg zu seiner Rechten ein, so gelangte er zu der Hafenstadt Ostia, wo sich die beste Gelegenheit zu einer Überfahrt nach Gallien bot. Setzte er dagegen seinen Weg auf der Via Appia fort, so kam er nach Neapel oder Brundisium, den Häfen für die Orientfahrten. Als er nun an dieser Stelle für einen Augenblick unentschlossen anhielt, erblickte er plötzlich Christus vor sich, der nach Rom ging. Auf die Frage des Apostels „Domine, quo vadis? – Herr, wohin gehst du?" antwortete ihm Christus: „Venio iterum crucifigi – ich komme, um mich wieder kreuzigen zu lassen."

Petrus verstand die Mahnung, kehrte schweigend um, ging nach Rom zurück und erlitt wie der Herr den Kreuzestod. An der Stelle der Vision aber sei, so erzählt die Legende weiter, in einem Stein ein Abdruck des Fußes Christi zurückgeblieben. Das Original des Steines befindet sich heute in der Kirche San Sebastiano, während das kleine Kirchlein „Quo Vadis" an der Stelle der Begegnung nur noch einen Abguß beherbergt.

CALIXTUSKATAKOMBEN

In einem kleinen, verlassenen Kirchlein nahe der Via Appia fand 1849 der damals siebenundzwanzigjährige Giovanni Battista de Rossi, der einer der berühmtesten Altertumsforscher des christlichen Roms werden sollte, das Bruchstück einer Marmortafel mit der antiken Inschrift ... NELIUS MARTYR. Die meisten Menschen hätten die Tafel wohl achtlos auf den Abfallhaufen geworfen, nicht aber de Rossi. Er wußte aus alten Plänen, daß in der Nähe des Kirchleins die noch unerforschte Calixtuskatakombe mit Papstgräbern aus dem 3. Jahrhundert liegen mußte. Mit der Einfühlungsgabe des Genies ergänzte er den Text auf der Tafel in CORNELIUS MARTYR, den Namen des Märtyrerpapstes Cornelius. Als er dann noch einen Luftschacht entdeckte, der zu weitverzweigten Gängen zu führen schien, suchte er um eine Audienz bei Papst Pius IX. an und bat ihn, das Gelände um das Kirchlein aufzukaufen.

Pius IX., der als echter Römer einen Scherz liebte, wies den jungen Forscher kurz ab. Nach der Audienz meinte er aber zu einem Monsignore: „Ich habe de Rossi davongejagt wie eine Katze, aber das Grundstück werde ich doch kaufen."

So geschah es. Als der glückliche Forscher mit seiner Arbeit beginnen durfte, fand er bald tatsächlich in der neu erschlossenen Katakombe die gesuchte Papstgruft, ja sogar noch mit dem fehlenden Stück der Inschrift, die richtig CORNELIUS MARTYR EP (EP = Episcopus = Bischof) lautete.

Die Entdeckung war bedeutsam genug, um auch den Papst zu interessieren. Doch selbst jetzt konnte dieser die Stichelei nicht lassen und sagte, bevor er die Calixtuskatakombe besichtigte, so laut zu seiner Umgebung, daß es auch de Rossi hören mußte: „Die Archäologen sind doch allesamt rechte Träumer und Dichter, die sich alles mögliche vorgaukeln, wovon gewöhnliche Sterbliche keine Ahnung haben!“

In Wahrheit aber schätzte auch Pius die Entdeckung richtig ein, und als er zusammen mit de Rossi vor den Grüften stand und selbst die Bruchstücke der Grabinschriften zusammenlegen durfte, fragte er tief ergriffen: „Das sind also die Gräber meiner Vorgänger?“

De Rossi jedoch ließ es sich nicht nehmen, die Sticheleien zurückzugeben und antwortete: „Lauter Träumereien, Euere Heiligkeit.“

Worauf dem Papst nichts übrigblieb, als resigniert festzustellen: „Sie sind aber sehr boshaft, de Rossi!“

ZWEI RÖMISCHE KÜNSTLER

Wohl kaum eine andere Stadt der Erde hat Künstler so stark gereizt wie gerade Rom. Von den frühesten Holzschnitten des 15. Jahrhunderts bis zu den modernsten Bildern unserer Zeit ist es ein langer Weg, den zahllose Künstler begingen, die immer wieder ihre eigene Begegnung mit der Ewigen Stadt und ihren Wundern in Zeichnungen, Kupferstichen, Gemälden einzufangen suchten. Wir begegnen unbekannten Namen ebenso wie bedeutenden Künstlern, und es ist kein Zufall, daß auch die Deutschen unter ihnen einen wichtigen Platz einnehmen.

Der Kenner und Liebhaber wird seine Favoriten

haben, die er bevorzugt; der Laie wird sich spontan an den oft ungemein reizvollen Stadtansichten aus den verschiedensten Epochen erfreuen, die ihm ein unbekanntes, längst vergangenes Rom zeigen, das sich so wohltuend von der modernen Millionenstadt unterscheidet.

Zwei Künstler sind besonders eng in ihrem Werk mit Rom verbunden. Da ist einmal Giovanni Battista Piranesi, der wohl leidenschaftlichste Verehrer Roms im 18. Jahrhundert, und ein Jahrhundert später ist es der weit weniger bekannte Ettore Rößler-Franz (oder auch Roesler-Franz). Beide begegnen sie uns in diesem Buch mit einigen ihrer Werke. Piranesi wurde 1720 in Mogliana bei Venedig geboren, schon mit zwanzig Jahren kam er nach Rom, und die Stadt ließ ihn, mit nur kleinen Unterbrechungen, bis zu seinem Tode 1778 nicht mehr los. Hier schuf er mehrere große Sammelwerke mit Hunderten großformatiger Kupferstiche, so die „Vedute di Roma“ (Ansichten von Rom) und die vier Bände der „Antichità di Roma“ (Römische Altertümer). Piranesis Bilder bieten uns eine faszinierende Mischung aus übersteigerter Monumentalität der dargestellten Bauten mit einer realistischen, geradezu minutiös genauen Darstellung des umgebenden Genres. Wer sich ein wenig in der Kulturgeschichte auskennt, vermag deshalb gerade auf den Stichen der „Vedute“ ungemein detailreiche und amüsante Spaziergänge durch den Alltag Roms im 18. Jahrhundert zu unternehmen.

Ettore Rößler-Franz stammt aus einer deutschen Familie. Einer seiner Vorfahren, Franz Rößler (oder auch Rösler), war im 18. Jahrhundert aus Friedland in Nordböhmen als Koch nach Rom gekommen und hatte hier in der Via Condotti einen Gasthof eingerichtet, der bald von den deutschen Reisenden hoch geschätzt wurde. Die Familie wurde in der Folgezeit unter dem Namen Rößler-Franz bekannt und berühmt. Ettore, 1841 in Rom geboren, kam als Autodidakt zur Aquarellmalerei und hatte den glücklichen Einfall, jene verborgenen und stillen Winkel des alten Rom, die durch die Sanierung und Modernisierung der Stadt nach 1880 für immer verlorengingen, in Bildern festzuhalten. Ihn interessierten die allgemein bekannten Kirchen und Paläste nur wenig, seine Liebe galt vielmehr dem „Roma sparita", dem vergangenen Rom, wie er auch den Zyklus seiner Aquarelle nannte, die schon bei der ersten Ausstellung in Rom 1883 Aufmerksamkeit und Zustimmung erlangten.

Heute gehören diese Aquarelle zu den Schätzen des „Museo di Roma" im Palazzo Braschi an der Piazza S. Pantaleo, das neben den großen römischen Sammlungen von den Fremden viel zu wenig beachtet wird. Seine Bilder besitzen gleichermaßen einen hohen künstlerischen wie historischen Wert; denn Rößler-Franz hat manchen Ort eingefangen, der nun schon seit hundert Jahren verschwunden ist. So wird auch der Betrachter oft vergeblich einen Vergleich mit der heutigen Situation versuchen.

Da sich die Geschichtchen dieses Buches naturgemäß vorwiegend mit den wichtigeren Denkmälern Roms beschäftigen, Rößler-Franz aber die scheinbar unwichtigen bevorzugte, sind die Bilder in erster Linie als eigenständige, reizvolle Ergänzung gedacht. Oder auch als Anregung, alle 120 Aquarelle einmal an einem regnerischen Vormittag bei einem Rom-Aufenthalt im Museum zu betrachten und damit eine Entdeckungsreise in das „Roma sparita" zu unternehmen.